2021 年度四川省重点出版项目专项补助资金项目
典型铁路隧道工程创新技术丛书

浩吉铁路隧道
监控量测技术与信息化管理

主编　马兆飞　尚海松

西南交通大学出版社
·成　都·

图书在版编目（CIP）数据

浩吉铁路隧道监控量测技术与信息化管理 / 马兆飞，尚海松主编. —成都：西南交通大学出版社，2021.11
（典型铁路隧道工程创新技术丛书）
ISBN 978-7-5643-8358-9

Ⅰ. ①浩… Ⅱ. ①马… ②尚… Ⅲ. ①铁路隧道 – 隧道施工 – 安全监控 – 中国②铁路隧道 – 隧道施工 – 隧道测量 – 中国 Ⅳ. ①U455

中国版本图书馆 CIP 数据核字（2021）第 227413 号

典型铁路隧道工程创新技术丛书
Hao-Ji Tielu Suidao Jiankong Liangce Jishu yu Xinxihua Guanli
浩吉铁路隧道监控量测技术与信息化管理

	出 版 人 / 王建琼
	策划编辑 / 黄庆斌　李芳芳　李华宇
主编 / 马兆飞　尚海松	责任编辑 / 姜锡伟
	封面设计 / 何东琳设计工作室

西南交通大学出版社出版发行
（四川省成都市金牛区二环路北一段 111 号西南交通大学创新大厦 21 楼　610031）
发行部电话：028-87600564　028-87600533
网址：http://www.xnjdcbs.com
印刷：四川玖艺呈现印刷有限公司

成品尺寸　185 mm×260 mm
印张　13　字数　323 千
版次　2021 年 11 月第 1 版　印次　2021 年 11 月第 1 次
书号　ISBN 978-7-5643-8358-9
定价　88.00 元

本书编写委员会

主　编　马兆飞　尚海松

副主编　陈　野　陈礼伟　朱　超　皮　圣

委　员　万俊峰　徐海山　范文杰　冯文山

詹显军　宋琳辉　刘建平　李丁可

张艳梅　金成旭　冯　丛　伊志奎

陈　强　李海峰　雷　蕾　吴学东

邓　锐　张志明　雷继位　杨世武

王　伟　赵　民　孟红梅　陈丽琴

焦　健　杨慧涛　马　涛　谷　玥

罗海风　王洪志　陈　博　汪小波

李开华　李朝安　吴　洁

前言

PREFACE

交通基础设施建设关系国计民生，而其中铁路的发展对国家经济具有重要意义。随着我国铁路、公路、城市轨道交通建设里程的快速增长，隧道的修建也越来越多，尤其是进入 21 世纪，我国高速铁路客运专线、重载铁路、高等级公路、城市轨道交通的隧道修建数量和水平达到了前所未有的高度。但隧道施工地质条件极为复杂，存在诸多不确定性风险因素，长期以来都是铁路建设安全事故发生的高频区。监控量测作为隧道施工过程中不可或缺的工作，能够有效避免铁路隧道施工事故的发生。

在国家政策的引导下，伴随着铁路信息化发展和监控量测技术的进步，国内各大高校、研究机构及从事隧道研究的企业相继研究开发出了应用于铁路隧道的全站仪隧道施工监测系统软件，但是这些系统大多在预警值设置、预警及时性、功能等方面还有待完善，不能彻底解决监控量测问题。针对这一问题，在中国国家铁路集团有限公司（原中国铁路总公司）的正确指导下，经有关各方联合攻关，中铁西南科学研究院有限公司（本书简写为中铁西南院/西南院）开发了"隧道施工监测信息管理系统"。虽然有了一套全面、有效、科学的隧道施工监测信息管理系统，但是如果相应管理措施不完善，依然无法保证系统发挥应有作用。因此，蒙西华中铁路股份有限公司（后更名为浩吉铁路股份公司，本书简写为浩吉铁路公司）组织、中铁西南院参与，共同研究制定了与之对应的管理方案、措施，从而实现了"硬件"与"软件"的结合，降低了施工中的资源浪费，提升了隧道安全的监管有效性和科学性。

本书针对铁路高速发展亟待解决的各种隧道施工监控量测问题，详细阐述了"隧道施工监测信息管理系统"和监控量测配套管理方案，并通过案例分析了该系统在蒙华铁路（后更名为浩吉铁路）工程中的应用以及配套的管理办法、制度，取得了良好的效果，希冀为信息化手段管理项目提供类似的可行性经验。

本书共分 5 章，主要特点如下：

（1）以信息化为主要视角，以案例分析为辅助，强调全过程信息化，以期为铁路隧道信息化施工提供相关建议和思考。

（2）注重实践应用，同时兼顾理论阐释，充分将理论和实践应用相结合，竭力为读者呈现"理论同实践结合"的读物。

（3）实践性强。本书结合诸多工程实践案例和经验，可以为相关人员在铁路隧道施工中提供良好的管理思路和信息化思路。

（4）案例选择多元化。本书针对不同地质条件提供了丰富而多元的案例供读者参考学习。

本书在编写过程中，案例部分使用了西南交通大学仇文革教授团队的发明成果，在此表达衷心感谢。同时，本书参考了大量文献资料，编者已尽可能在参考文献中详尽罗列，但因资料繁复且来源复杂，难以一一标明出处，在此向其作者和相关人员表示歉意和感谢。

鉴于作者水平有限，加之铁路隧道监控量测技术及信息化是不断前进和发展的，因此本书在编撰过程中也难免出现一些不足，欢迎广大读者和专家批评指正，以便后续修订。

作　者

2021 年 8 月

目录 CONTENTS

4

5

第 1 章　绪　论

1.1　我国隧道工程建设状况

随着我国铁路、公路、城市轨道交通建设里程的快速增长，隧道的修建也越来越多，尤其是进入 21 世纪，我国高速铁路客运专线、重载铁路、高等级公路、城市轨道交通的隧道修建水平达到了前所未有的高度。我国铁路隧道发展规模情况：据统计，截至 2020 年底，中国铁路营业里程达 14.5 万千米，其中，投入运营的铁路隧道共 16 798 座，总长约 19 630 km。1980—2020年的 40 年间，中国共建成隧道 12 412 座，总长约 17 621 km（占中国铁路隧道总长度的 90%）。特别是近 15 年来，中国铁路隧道发展极为迅速，共建成铁路隧道 9 260 座，总长约 15 316 km（占中国铁路隧道总长度的 78%）。其中："十一五"期间（2006—2010 年）建成铁路隧道 2 262 座，总长约 2 686 km（占比 14%）；"十二五"期间（2011—2015 年）建成铁路隧道 3 611 座，总长约6 038 km（占比 31%）；"十三五"期间（2016—2020 年）建成铁路隧道 3 387 座，总长约 6 592 km（占比 33%）。为便于分析和研究，本书对中国铁路隧道发展规模情况进行了统计，以便更好地促进中国铁路隧道的发展。中国铁路隧道不同时期发展规模情况见表 1-1 和图 1-1。

表 1-1　中国铁路隧道不同时期发展规模情况（截至 2020 年底）

时　期	隧道座数	隧道总长度/km	备　注
至 1949 年底	429	112	新中国成立初期
至 1979 年底	4 386	2 009	改革开放初期
至 1999 年底	6 877	3 667	
至 2005 年底	7 538	4 314	
至 2010 年底	9 800	7 000	
至 2015 年底	13 411	13 038	
至 2020 年底	16 798	19 630	

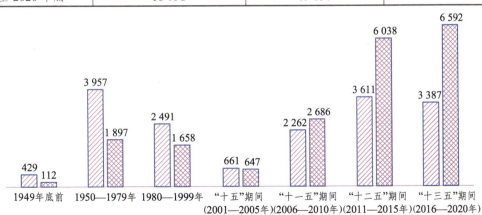

图 1-1　中国铁路隧道不同时期发展规模情况（截至 2020 年底）

我国特长铁路隧道建设规划情况：2020 年新增开通运营铁路隧道 714 座，总长约 1 589 km，其中特长隧道 39 座，总长约 498 km；在建铁路隧道 2 746 座，总长约 6 083 km；规划铁路隧道 6 354 座，总长约 16 255 km。截至 2020 年底，中国已投入运营的特长铁路隧道共 209 座，总长 2 811 km。其中，长度 20 km 以上的特长铁路隧道 11 座，总长 262 km。

我国高速铁路隧道建设规划情况：截至 2020 年底，中国已投入运营的高速铁路总长约 3.7 万千米，投入运营的高速铁路隧道共 3 631 座，总长约 6 003 km，其中特长隧道 87 座，总长约 1 096 km。① 新增运营。2020 年中国新增运营有隧道工程项目的高速铁路共 9 条，总长约 2 389 km；共有隧道 189 座，长约 508 km。其中，特长隧道 15 座，总长约 176 km。② 在建。中国正在建设的有隧道工程项目的高速铁路共 47 条，总长约 8 327 km；共有隧道 1 811 座，总长约 2 750 km。其中，特长隧道 50 座，总长约 645 km。③ 规划。截至 2020 年底，中国规划的有隧道工程项目的高速铁路共 93 条，总长 20 970 km；共有隧道 3 525 座，累计长度约为 7 966 km。其中，特长隧道 134 座，总长 1 867 km[1]。

随着我国铁路隧道建设规模的不断扩大，一方面给我们的交通出行和生活带来了方便，促进了我国交通事业快速发展；另一方面，隧道工程建设因其地质条件复杂多变、施工空间条件有限等因素，也出现了许多安全事故。据统计分析：在 2008 到 2016 年期间，我国隧道施工事故共发生 62 次，隧道施工事故年度与次数的关系如图 1-2 所示。

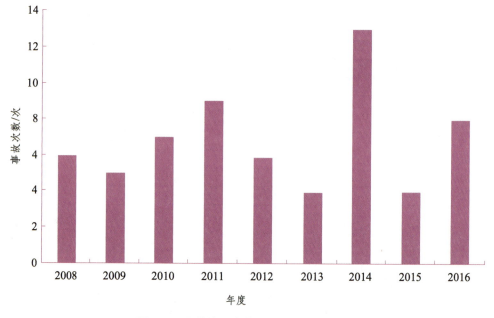

图 1-2　隧道施工事故年度与次数的关系

从图 1-2 中可以看出，从 2008 年至 2011 年，事故发生次数平缓上涨，在达到 2011 年的较高数值后，各单位对隧道施工安全引起了重视，对施工人员加强安全培训与工程管理，采取更为有效的安全措施，以降低事故发生的次数。从而在 2011 到 2013 年间，事故发生次数逐年下降，在 2013 年降低到了 6 年内的最低值，这说明在足够重视安全生产与风险管理意识的条件下，隧道施工事故次数是可以达到相应要求的。但是由于放松警惕或其他原因，事故次数在 2014 年发生了明显反弹，达到了 7 年内的最高值，这更说明了隧道施工安全意识要随时加强，切不可有了一点改善就掉以轻心[2]。隧道工程施工存在工点数量多、地质条件复杂、需要控制的风险因素多等特殊情况，监控量测技术能够提前预测和感知隧道施工风险、指导施工，监控量测管理能够强化隧道施工人员的安全意识和风险防范意识。两者结合能够有效地预防隧道事故的发生，为隧道施工安全提供保障。因而监控量测技术与管理的相关研究具有重要意义。

1.2　隧道监控量测的目的与意义

在隧道的施工过程中，使用各种仪器设备和量测元件，对地表沉降、围岩与支护结构的变形、应力、应变进行量测，据此来判断隧道开挖对地表环境的影响范围和程度、围岩的稳定性和支护的工作状态，这种工作称为现场监控量测。现场监控量测被认为是新奥法的三大支柱之一，其目的与意义可归纳为下述四点：

（1）为隧道施工提供安全信息。

通过采集监控量测数据，得知开挖后围岩的沉降、收敛等相关位移、形变信息，结合隧道地质、埋深等条件分析当前围岩-初期支护结构是否稳定，从而判断隧道施工状态是否安全。当监控量测形变值或速率值数据达到预警值时，及时停止施工，开展风险排查，并针对发现的风险因素和可能失稳的区段或局部薄弱的部位采取相应的加固或其他补强措施，保证隧道施工人员和隧道结构安全。

（2）为设计和修正支护结构形式与参数提供依据。

进行隧道工程设计时必须依靠工程地质调查和试验来提供必要的依据和信息，但由于围岩地质情况复杂多变，工程地质调查和试验取得的数据很难全面、正确地反映岩体的真实性。所以在施工过程中通过围岩与支护的变形和应力测试数据，可对原设计予以修正，或者为重新计算和设计提供依据。

（3）可正确选择开挖方法和支护施作时间。

通过分析量测数据，可以确定符合具体工程要求和地质条件的施工方法和支护结构的施作措施，以充分利用围岩自承能力，然后通过量测分析，再确定适宜的二次支护时间；在侧压力较大的地层中，利用量测数据，可以确定最佳的仰拱施作时间。

（4）是研究新奥法理论的重要途径。

通过施工监控量测，可以深入、系统地研究围岩与支护结构共同作用的力学机制，和不同条件、不同类型岩体的变形、破坏机理，对更好地理解和研究隧道新奥法、完善隧道设计和正确指导施工，从而保证隧道工程施工的安全性、科学性和经济性，具有重要意义。

1.3　隧道监控量测技术现状

1.3.1　国外研究现状

在国外，针对传统的数据监测管理方法中存在的不足，集数据输入、存储、管理和应用分析等功能于一体的监测数据处理分析等信息系统被不断用于监测数据的管理和综合分析。下面是国外的一些隧道施工监测信息化现状的介绍。

意大利研究开发的隧道施工计算机辅助监测系统（MAMs），可以实现量测数据采集、传输、校验、存储和分析并具备实时的数据分析判断和报警等功能。意大利还研究开发了ACD-RS系统，并将该系统应用于本国Vaglia隧道施工管理中；系统被用于隧道围岩变形监测，能够及时掌握隧道地质情况，从设计阶段开始，通过综合分析隧道的地质来制订不同阶段的不同施工方案，同时在施工过程中根据不同时期开挖后的应力和围岩位移变化特性等，提出合理的隧道开挖方法和支护结构方式。

日本也开发出一些关于隧道施工过程的信息化管理系统软件。例如：佐藤工业株式会社研究开发的"STI系统"可以把隧道洞内的监控量测采集的数据、施工中的机械和渣土运输车辆的运行状态数据、实时通信数据等关键信息，通过通信线路实时传输到洞外，实现了隧道洞内施工的一体化管理。日本西松株式会社利用计算机技术和隧道工程技术相结合的方法，也开发出了"隧道综合管理信息系统"，该系统是由隧道信息化施工、设计支援、质量管理和形状管理4个子系统所构成的。其中，信息化施工子系统是由地质超前预报技术和施工监控量测技术组合而成的系统，而设计支援子系统则由隧道内施工的实际情况和支护结构模式、辅助工法等内容组成。

在南美洲，哥伦比亚把隧道信息化施工技术成功运用在高速公路修建中，顺利通过断层带及高地应力、泥沙等极其复杂困难地质地段，达到了对隧道内复杂地质施工的有效管理。

1.3.2　国内研究现状

在国内，一些院校、科研机构，比如同济大学、北京城建设计发展集团股份有限公司、北京市市政工程研究院、中国铁道科学研究院、中国人民解放军理工大学*、中国科学院武汉岩土力学研究所、上海交通大学、广东工业大学、中国矿业大学、成都理工大学、西南交通大学、北京交通大学、长安大学、东北大学、中铁隧道局集团有限公司、中铁西南院等单位，在隧道及地下工程方面均进行了有益探索和研究。

阴鹏等[3]对比了当前主流WebGIS开发平台及平台的性能特点，深入分析了隧道施工安全监测系统的功能需求、系统实现目标，从而建立了系统功能模型。在此基础上开发的隧道施工安全监测系统，实现了对地图的基本操作，并能够方便地操作监测数据，包括数据存储、查询、修改、删除。系统实现了对监测点的布置和监测信息展示，在用户导入各监测点数据时，系统依据监测基准，可自动计算出报警和预警的监测点，并在地图上以醒目的颜色展示出来，以实现预、报警功能并且生成相应的监测曲线，使用户及时了解到监测对象形变或沉降的程度。

胡承军[4]结合上海长江隧道工程施工背景，研究了软土隧道工程施工的自动监测方案，同时对自动监测数据进行了动态分析研究，并研究了隧道工程施工监控报警值的合理确定方法，且从监测数据分析的角度进行了确定报警值的研究，同时对隧道安全状态进行了评估，

---

　　* 编者注：2017年，以中国人民解放军理工大学和中国人民解放军军械工程学院主体为基础组建了中国人民解放军陆军工程大学。

对隧道工程施工过程中的安全状态进行了安全等级划分。针对不同的安全状态，他分别给予相应的控制措施和建议，确保隧道工程建设的安全进行。

北京市市政工程研究院[5]采用无线技术把三维激光扫描、人机定位、各种传感器数据采集、通信视频、风险管理、施工预案及应急响应等集成在一起，实现了：隧道施工掌子面图像实时采集、显示与编录分析、掌子面稳定性监测、掌子面人员与车辆定位管理，隧道必测项目与断面扫描技术的结合以预测围岩变形和超欠挖，选测断面各种传感器的无线数据采集与综合分析，三维数字化虚拟隧道与实际施工同步。

李亮[6]以吉茶（吉首—茶洞）高速公路坡头隧道施工监控为依托，开发了基于浏览器/服务器（Browser/Server）构架的隧道施工监控数据管理分析系统；针对围岩的变形规律，运用C#.NET 开发了 MATLAB 中多种回归模型的接口函数，对隧道变形的时间效应和空间效应进行了综合分析，采用样条插值算法生成了围岩变形的时空效应图，为研究监控数据的变形规律提供了支持。

邓洪亮等[7]结合北京密云县密兴路火郎峪隧道施工监控实践，建立了岩质公路隧道施工监控资料分析与预警系统，得到了隧道爆破施工参数、振动波传播规律、应力-应变规律和隧道施工期间的围岩收敛与拱顶沉降规律，提出了隧道施工的合理组织方案和施工措施。

郭中堂等[8]公开了一种隧道施工安全预警管理系统，包括通过线性调频连续波测量隧道围岩的微小位移信息的围岩形变量测雷达终端，施工人员及施工设备实时位置监测系统，用于实时监测隧道内的气体、水位信息的环境监测终端。

张秀丽[9]将地铁隧道施工实时监测系统应用于某地铁盾构隧道衬砌管片的应力监测中，对钢筋应力计传感器的预埋设、保护措施以及隧道施工过程中的管片内力监测数据的无线传输进行了研究。

王浩[10]针对地下工程施工期监测的特点，围绕着信息化施工的需要，较全面、系统地总结了地下工程中的监测方法、监测数据分析、建模方法，建立了二维地下工程施工期监测信息管理、预测预报系统。他以工程第一线的施工、监理、管理人员为主要用户，建立了操作简单、可靠性高、集成度高和可扩充性强的二维地下厂房施工期监测信息管理、预测预报系统，并将其成功应用于小湾电站。系统集成了以下四个方面的功能：数据库管理、数据录入与处理、图形可视化和图形-属性数据双向联动、数据建模及预测。

肖林萍等[11]研究了国家高速公路旦架哨隧道建设，内容主要包括现场监控量测锚杆轴力、对围岩和钢拱的弯矩等。同时，他们结合地面地质调查、隧道内地质观测等，通过数据的采集、处理和反馈，建立了大跨度隧道信息化施工地质灾害预报系统。通过这一系统，该隧道的地质灾害已预测、预报成功。隧道是在科学的动态管理下设计和施工的，信息化保证了隧道的安全施工。

Li Xiaojuan 等[12]提出了一种基于 BOTDA 技术的隧道结构安全监测系统。该系统具有良好的现场适应性，能实时监测隧道结构安全性，具有分布广、远距离、高精度等优点。

Chen Lihua 等[13]开发的系统提供了多种浏览模式的三维模拟视图，还提供了三维交互操作、监控数据录入查询和分析、施工进度模拟、自动报警和趋势预测功能。系统改进了可视化施工现场监测的安全状态分析。

Pan Weidong 等[14]通过分析建设过程、安全监测、监测项目、监测预警系统、测量数据、预警系统的监测和预警系统的工作原理，提出了建设过程中的安全监测方案。

中铁西南院开发了基于 B/S（Browser/Server，浏览器-服务器）和 C/S（Client/Server，客户-服务器结构）混合架构的隧道施工监测信息管理系统（简称 TGMIS），集现场数据采集及分析处理、远程监控于一体，包含现场数据采集端、远程服务器端和客户端程序，可同时满足量测和监管人员的不同工作需求。这套系统已成功在宝兰线、西成线等投入使用。目前，该系统已在铁路、公路、地铁等多条线路中得到了推广应用，测试项目覆盖了变形、应力、应变等。

1.4　存在的问题

随着信息技术的不断发展，国内外信息管理系统也有了一定突破和进步，但隧道监测信息系统还存在一些问题，主要如下：

（1）数据处理与分析技术有待提高。不论是采用传统的数据管理方法还是通过监测数据信息管理系统方法进行数据处理，基本上都是采用回归分析法、灰色理论、BP 神经网络、时间序列分析法等进行预测分析，但回归分析法需要充足的数据资料才能得到较好的预测结果，灰色理论、BP 神经网络、时间序列分析法等目前还停留于研究阶段，在实际中应用的可靠性还需要进一步研究[15]。

（2）监测信息管理系统需进一步完善。目前，隧道施工监测信息管理系统具有三维可视化平台的并不多见，尤其是三维 GIS 和虚拟现实技术的开发与应用还处于初步研究阶段。很多系统的研发最多还处于试用阶段，有的甚至还在研究阶段，由于一些原因（如开发周期比较长、费用比较高、对开发人员的能力要求较高）而不能得到改进、完善和推广。同时，隧道监测信息系统在软件功能的完备性、易用性、健壮性和安全性等实用性方面与成熟商业软件标准还存在明显差距。

（3）目前，国内外还没有统一的预报标准。采用一个预报标准一般不能满足信息反馈的准确性要求，且隧道受地质条件、操作误差等多种因素的影响，要使监测信息能够更好地反馈于设计和施工，有必要对预报标准进行综合。

第2章 浩吉铁路概况及监控量测基本方法

2.1 浩吉铁路工程概况

蒙西至华中地区铁路煤运通道（简称蒙华铁路，后更名为浩吉铁路）是国家"十二五"规划纲要、"十二五"综合交通运输体系发展规划、铁路"十二五"发展规划和"十二五"能源发展规划的交通建设重点项目。该项目连接蒙陕甘宁能源"金三角"地区与鄂湘赣等华中地区，是"北煤南运"新的国家战略运输通道，是衔接多条煤炭集疏运线路、点网结合、铁水联运的大能力、高效煤炭运输系统和国家综合交通运输系统的重要组成部分。项目建设对完善综合交通运输体系和铁路网布局、开发蒙陕甘宁地区煤炭资源、保障鄂湘赣等华中地区能源供应、促进沿线经济社会发展具有重要意义。

该项目是世界上一次建成最长的重载煤运铁路，作为铁路投融资体制改革示范和重要资源开发性铁路，已纳入国务院在基础设施等领域首批推出的鼓励社会资本参与建设营运示范项目，开创了铁路领域积极发展混合所有制经济的新模式。国家发展和改革委员会于2014年7月批复项目可行性研究报告。项目建设总工期5年，规划运输能力在2亿吨/年以上，总投资估算1 930.4亿元人民币。

项目正线北起内蒙古自治区鄂尔多斯境内的浩勒报吉南站，途经陕西、山西、河南、湖北、湖南省，南至江西省吉安市境内的吉安站，正线全长1 814.504 km，其中双线区段浩勒报吉南至岳阳段正线长1 381.2 km，单线区段岳阳至吉安段正线长433.3 km。正线设车站85座，其中近期开通车站79座，远期预留车站6座。

2.1.1 项目建设主要特点

（1）工程规模大。正线全长1 814.504 km，其中：路基总长约966 km，土石方约2.5亿立方米，圬工约730万立方米，地基处理桩基约420万根、3 650万延米；大中桥总长约381 km，桥线比21%，小桥、涵洞近4 000座；隧道总长约468 km（以左线计，含右线总长约529 km），隧线比25.8%，长度在10 km以上的隧道10座。

（2）集疏运项目多。可行性研究报告批复集疏运系统规划项目69个，铁路总长1 403.6 km。其中：集运项目30个，铁路总长1 064.36 km；疏运项目39个，铁路总长339.25 km。27个联络线、集运线、集运站、铁水联运储配基地项目与浩吉铁路同步建成。

（3）地域跨度广。该线由北向南依次穿越毛乌素沙漠、陕北黄土高原、吕梁山脉、运城台地、中条山脉、灵三盆地、东秦岭山脉、南襄盆地、江汉及洞庭湖平原、罗霄山脉、赣西丘陵区；两跨黄河，一跨汉江、长江、洞庭湖、赣江等我国主要水系；跨越既有铁路40处，跨越高速公路及国省道80余处，并多处跨越输气（油）管道。

（4）地质条件复杂。沿线地层种类齐全，我国主要不良地质和特殊岩土均有发育，地质条件极其复杂。主要不良地质有风沙、滑坡、岩溶、人为坑洞、有害气体、高地应力、泥石流、崩塌、危岩、落石等，主要特殊岩土有湿陷性黄土、膨胀土（岩）、软土、盐渍土、季节性冻土、膏溶角砾岩、富水弱胶结或未胶结岩层、填土等。

（5）气候差异大。线路从北向南分别经过中温带、暖温带和北亚热带、中亚热带四个气候带，穿越寒冷地区和温暖地区，北方干旱少雨，南方湿润多雨，南北气候差异大。

（6）工程建设难度大。全线特殊路基主要有风沙路基、盐渍土路基、湿陷性黄土路基、软土路基、膨胀土（岩）路基、岩溶路基、浸水路基等，总长约 620 km，占路基总长的64%、正线总长的 34.2%。特殊结构桥梁 121 座，共有预应力混凝土连续梁、斜拉结构、钢桁梁结构、拱桥结构、T 构等 219 处。隧道穿越湿陷性黄土、粉细砂层、第三系富水砂层、岩溶及采空区、有害气体、高地温、高地应力、软岩及水平岩层、长大断层破碎带等地层。

2.1.2　项目建设重难点控制工程

全线重难点控制性工程有阳山隧道、万荣隧道、中条山隧道、崤山隧道、西安岭隧道、连云山隧道、九岭山隧道和洞庭湖特大桥、公安长江公铁两用特大桥。主要信息如下：

（1）阳山隧道位于陕西延长县，地处陕北黄土高原梁峁区，冲沟发育，全长 11 688.3 m，为单洞双线，隧道最大埋深约 278 m。主要不良地质有泥岩夹煤地层、湿陷性黄土，隧道附近有窑洞、油井。

（2）万荣隧道位于山西省运城市万荣县境内，全长 7 683 m，为单洞双线隧道，最大埋深约为 90.25 m。隧道洞身多处（共约 33 处）下穿道路及村庄，在 DK557+222～+248 处穿越闻合高速公路，覆土厚度 88 m。不良地质为砂质新黄土、粉砂地层。

（3）中条山隧道穿越中条山脉，全长 18 405 m，为双洞单线，一般段线间距 35 m，最大埋深约 840 m。主要不良地质有第三系富水砂层、高地应力、断层破碎带、黄土崩塌段。

（4）崤山隧道位于河南省三门峡市下辖灵宝市及卢氏县境内，全长 22 751 m（全线最长），为双洞单线，隧道最大埋深 510 m。主要不良地质有高压富水断层破碎带、危岩落石、高地应力、岩溶。

（5）西安岭隧道全长 18 069.26 m，为双洞单线，最大埋深为 715 m。隧道整体上属于中等富水区，局部断层构造带为强富水区。主要不良地质有断层破碎带（本隧道共穿越断层 23 条，节理密集带 1 条）、岩爆、软岩大变形、瓦斯、岩溶等。

（6）连云山隧道位于湖南省浏阳市境内，为单洞单线隧道，全长 10 704 m，最大埋深566 m。隧道地层岩性为进口段 2 914 m 砂质板岩夹绢云母板岩，其后 6 945 m 为粉砂质板岩，出口 845 m 为粉砂质板岩夹绢云母板岩，隧址区发育有 2 处褶皱、8 条断层及 3 条节理密集带。隧址区不良地质主要有高地温、高地应力等。

（7）九岭山隧道进口位于铜鼓县，出口位于宜丰县，采用单洞双线设计，全长 15 390 m，最大埋深约 862 m。隧道穿越地层主要为花岗岩，区域有 6 条断层与线路相交。主要不良地质有高地应力、高地温、断层、危岩落石。

（8）洞庭湖特大桥全长 10 444.659 m，正线为双线，线间距 4.2 m。桥跨布置为 2×32 mT 梁+92 m

钢管混凝土拱+110 × 32 mT 梁+4 × 52 m 箱梁+83 × 32 mT 梁+（75+3 × 120+75）m 连续梁+（98+140+406+406+140+98）m 三塔钢箱钢桁结合梁斜拉桥（主桥）+84 m 简支钢桁梁+57 × 32 mT 梁。

（9）公安长江公铁两用特大桥全长 6 317.83 m，其中公铁合建长度为 2 244.8 m，分建段铁路桥长 4 073.022 m。铁路正线为双线，线间距 4.2 m。桥跨布置为 31 × 32 m T 梁+（98+182+518+182+98）m 钢桁梁斜拉桥（主桥）+92 m+4 × 94.5 m 连续钢桁梁+78 × 32 m T 梁+（45+70+70+45）m 连续梁+（50+80+50）m 连续梁+27 × 32 m T 梁。

2.1.3   主要技术标准

线路等级：国铁 Ⅰ 级（重载）。

正线数目：浩勒报吉—岳阳段双线，岳阳—吉安段单线预留双线条件。

限制坡度：浩勒报吉—纳林河段 6‰；纳林河—襄阳段下行 6‰，上行 13‰；襄阳—吉安段 6‰。

速度目标值：120 km/h。

最小曲线半径：一般 1 200 m，困难 800 m。

牵引种类：电力。

机车类型：客车 SS$_9$；货车 HXD 系列。

牵引质量：浩勒报吉—襄阳段 10 000 t、部分 5 000 t；襄阳—吉安段 5 000 t。

到发线有效长：浩勒报吉—襄阳段 1 700 m；襄阳—吉安段 1 050 m，部分车站预留 1 700 m 条件。

闭塞类型：浩勒报吉—岳阳段自动闭塞；岳阳—吉安段自动站间闭塞。

2.2   浩吉铁路隧道概况

浩吉铁路全线隧道共计 229 座，长 468.5 km（含左、右线长 529 km），其中：长度 $L \geqslant 10$ km 的隧道 10 座，总长度 149.5 km；6 km $\leqslant L <$ 10 km 的隧道 11 座，总长度 87.7 km；1 km $\leqslant L <$ 6 km 的隧道 76 座，总长度 177.2 km；$L <$ 1 km 的隧道 132 座，总长度 54.1 km。

2.2.1   主要地质条件

浩吉铁路隧道工程地质条件十分复杂，沿线主要穿越黄土、花岗岩、安山岩、大理岩、片麻岩、砂岩、泥岩、灰岩、白云岩、板岩、页岩等地质，主要采用的开挖方法为全断面、两台阶、三台阶等。全线隧道主要地质条件见表 2-1。

表 2-1   浩吉铁路全线隧道主要地质条件

序号	隧道名称	隧道长度/m	主要地质条件	备注
1	白城隧道	3 345.0	新黄土、局部细砂层	
2	薛家畔隧道	1 151.6	白垩系洛河组砂岩	

序号	隧道名称	隧道长度/m	主要地质条件	备注
3	阳城隧道	7 108.3	白垩系洛河组砂岩、新黄土	
4	青阳隧道	1 896.5	白垩系洛河组砂岩、新黄土	
5	红石湾隧道	5 276.6	白垩系洛河组砂岩、局部新黄土	
6	武家坡隧道	2 666.9	砂岩、新黄土	
7	新窑隧道	2 314.2	砂岩	
8	银山 1 号隧道	1 429.6	砂岩、进口局部新黄土	
9	银山 2 号隧道	1 695.4	砂岩、新黄土	
10	银山 3 号隧道	432.7	砂岩、新黄土	
11	王家湾隧道	7 288.0	砂岩、局部老黄土、新黄土	
12	张家园隧道	7 395.3	砂岩、局部老黄土、新黄土	
13	坪桥 1 号隧道	1 418.0	砂岩、新黄土	
14	坪桥 2 号隧道	761.7	砂岩、新黄土	
15	墩梁 1 号隧道	425.0	新黄土	
16	墩梁 2 号隧道	667.0	新黄土、局部泥岩	
17	柳湾 1 号隧道	1 114.0	新黄土、砂岩、泥岩砂岩互层	
18	柳湾 2 号隧道	1 829.5	新黄土、砂岩、泥岩砂岩互层	
19	车新庄隧道	1 348.8	新黄土、砂岩、泥岩砂岩互层	
20	蔡阳坪隧道	535.0	泥岩砂岩互层、局部新黄土	
21	建华镇隧道	4 626.0	侏罗系中统砂泥岩互层	
22	郝家坪隧道	1 184.6	砂泥岩互层、局部新黄土	
23	延安隧道	9 198.0	砂泥岩互层、出口局部新黄土	
24	刘坪隧道	3 375.3	新黄土、砂岩、泥岩	
25	梁村隧道	960.0	新黄土、老黄土、砂岩、老黄土	
26	青化砭 1 号隧道	1 369.2	新黄土、老黄土	
27	青化砭 2 号隧道	4 369.0	砂岩、粉质黏土、局部新黄土	
28	岳家 1 号隧道	1 773.5	新黄土、泥岩砂岩互层、粉质黏土	
29	岳家 2 号隧道	276.5	新黄土	
30	岳家 3 号隧道	498.0	新黄土、粉质黏土	
31	姚店隧道	3 722.9	新黄土、老黄土	
32	麻科义隧道	8 728.6	新黄土、老黄土、砂岩泥岩粉砂岩互层	
33	杨台隧道	1 054.0	新黄土、老黄土	
34	郭旗隧道	1 923.7	新黄土、老黄土	

续表

序号	隧道名称	隧道长度/m	主要地质条件	备注
35	峁好梁隧道	1 132.1	新黄土、老黄土	
36	郑庄隧道	4 329.9	新黄土、老黄土	
37	赵庄隧道	620.3	新黄土、老黄土	
38	李家台隧道	2 029.0	新黄土、老黄土、砂岩泥岩粉砂岩互层	
39	阳山隧道	11 668.3	新黄土、砂岩泥岩互层	
40	云岩隧道	1 677.0	新黄土	
41	小南塬隧道	7 067.2	新黄土、砂岩泥岩互层	
42	君子隧道	8 960.0	新黄土、砂岩泥岩互层	
43	北斗隧道	834.3	新黄土	
44	郝窑科隧道	992.0	新黄土	
45	西坪塬隧道	3 917.0	新黄土	
46	喜家岭隧道	1 077.0	新黄土、砂岩泥岩互层	
47	段家坪隧道	10 723.0	泥岩砂岩互层	
48	高家山隧道	8 628.8	泥岩砂岩互层	
49	如意隧道	11 920.1	泥岩砂岩互层	
50	冯家坪1号隧道	400.0	泥岩砂岩互层	
51	冯家坪2号隧道	119.0	泥岩砂岩互层	
52	集义隧道	15 412.0	泥岩砂岩互层	
53	桑树坪隧道	561.0	新黄土	
54	卫家庄隧道	474.3	白云质石灰岩、局部角砾土层	
55	禹门口隧道	5 089.4	石灰岩、泥岩	
56	万荣隧道	7 683.0	新黄土、细砂	
57	中条山隧道	18 405.0	灰岩、砂层、砾岩、新老黄土	
58	前磨1号隧道	463.0	新黄土	
59	前磨2号隧道	430.0	新黄土	
60	张裕1号隧道	511.0	新黄土	
61	张裕2号隧道	540.0	新黄土	
62	新乔隧道	1 022.7	新黄土	
63	高阳山隧道	4 767.0	新黄土	
64	五原隧道	2 457.0	新黄土	
65	南王隧道	1 117.0	新黄土	
66	北庄1号隧道	267.3	黄土，泥质极软岩，全—弱风化	

序号	隧道名称	隧道长度/m	主要地质条件	备注
67	北庄 2 号隧道	607.0	黄土、全—弱风化泥质极软岩	
68	赵吾 1 号隧道	986.8	黄土、全—弱风化泥质极软岩	
69	赵吾 2 号隧道	179.3	黄土、全—弱风化泥质极软岩	
70	赵吾 3 号隧道	184.1	黄土、全—弱风化泥质极软岩	
71	赵吾 4 号隧道	379.0	黄土、全—弱风化泥质极软岩	
72	赵吾 5 号隧道	225.5	黄土、全—弱风化泥质极软岩	
73	庄里 1 号隧道	259.0	黄土、全—弱风化泥质极软岩	
74	庄里 2 号隧道	481.0	黄土、全—弱风化泥质极软岩	
75	南朝街 1 号隧道	319.0	黄土、全—弱风化泥质极软岩	
76	南朝街 2 号隧道	390.2	黄土、全—弱风化泥质极软岩	
77	南朝街 3 号隧道	450.0	黄土、全—弱风化泥质极软岩	
78	城烟隧道	2 670.4	安山岩、流纹斑岩等	
79	崤山隧道	22 751.0	安山岩、流纹斑岩、白云岩等	
80	梨树坡隧道	1 376.5	黄土、白云岩	
81	故县隧道	2 128.6	弱风化安山岩，局部夹泥质粉砂岩及白云岩	
82	黄柏岭隧道	7 439.4	安山岩、石英二长岩	
83	庙坪隧道	3 994.5	弱风化安山岩、全—弱风化泥质极软岩	
84	新庄隧道	1 073.9	黄土、全—弱风化泥质极软岩	
85	范里隧道	672.0	黄土、全—弱风化泥质极软岩	
86	中岭隧道	478.0	黄土、全—弱风化泥质极软岩	
87	前岭隧道	1 807.0	黄土、全—弱风化泥质极软岩	
88	赵家庄隧道	751.5	全—弱风化泥质极软岩	
89	文峪隧道	1 495.5	全—弱风化泥质极软岩	
90	文山寨隧道	500.0	全—弱风化泥质极软岩	
91	孟家坡隧道	1 385.0	全—弱风化泥质极软岩	
92	石家隧道	776.0	全—弱风化泥质极软岩	
93	张家岭隧道	293.3	全—弱风化泥质极软岩	
94	白土坡隧道	1 509.0	全—弱风化泥质极软岩	
95	西安岭隧道	18 063.3	石英二长岩、花岗岩、云母石英片岩、板岩、大理岩、角闪片岩及含砾砂岩	
96	毛坪隧道	444.0	大理岩、角闪片岩	
97	五里川隧道	1 189.0	大理岩、角闪片岩	

序号	隧道名称	隧道长度/m	主要地质条件	备注
98	上庄隧道	391.9	片岩、含砾砂岩	
99	大中山隧道	14 533.0	花岗岩、片麻岩，云母石英片岩，含砾砂岩、角闪片岩	
100	龙泉坪隧道	3 615.5	大理岩、黑云斜长片麻岩、斜长角闪岩，侵入花岗岩	
101	胡家坪 1 号隧道	797.0	石英片岩、黑云斜长片岩夹斜长角闪片岩、薄层状石英岩	
102	胡家坪 2 号隧道	378.5	石英片岩、局部夹云母片岩	
103	葡萄沟隧道	1 481.0	片麻状花岗岩、斜长角闪片岩、石英片岩	
104	西峡隧道	5 100.0	石英片岩	
105	核桃园隧道	1 380.0	云母石英片岩、石英片岩、大理岩	
106	东官庄隧道	2 160.0	石英片岩、云母石英片岩	
107	西坪 1 号隧道	1 237.0	泥质砂岩、黑云变粒岩	
108	西坪 2 号隧道	189.0	黑云石英片岩	
109	花园隧道	334.0	石英片岩	
110	堰里营 1 号隧道	373.0	石英片岩	
111	堰里营 2 号隧道	331.0	石英片岩	
112	重阳西隧道	245.0	石英片岩	
113	上坪隧道	318.0	砂砾岩、长石砂岩	
114	白石桥隧道	813.0	大理岩	
115	重阳 1 号隧道	1 848.0	大理岩、云母片岩	
116	重阳 2 号隧道	420.7	石英片岩	
117	重阳 3 号隧道	240.0	石英片岩	
118	重阳 4 号隧道	521.9	石英片岩	
119	后石尖隧道	702.8	石英片岩	
120	西岗隧道	652.7	片岩、钙质石英片岩，夹大理岩	
121	槐树营隧道	789.1	石英片岩、白云石英片岩	
122	杜家岗隧道	141.0	石英片岩、角闪片岩，强—弱风化	
123	马湾隧道	518.7	云母石英片岩、石英片岩	
124	红崖隧道	184.8	白云云母石英片岩	
125	小寨隧道	143.5	钙质云母石英片岩	
126	丁河 1 号隧道	124.7	钙质二云（绢云）石英片岩	
127	丁河 2 号隧道	606.0	绢云母石英片岩，局部白云石英片岩	
128	关花寨隧道	233.1	绢云母石英片岩，局部白云石英片岩	

续表

序号	隧道名称	隧道长度/m	主要地质条件	备注
129	三尖寨隧道	1 653.4	白云石英片岩、大理岩夹杂少量片岩，强—弱风化	
130	石桥隧道	949.3	白云石英片岩夹大理岩	
131	寺山 1 号隧道	1 114.5	弱风化结晶灰岩	
132	寺山 2 号隧道	1 880.3	石英闪长岩、花岗角闪片麻岩	
133	九条岭隧道	708.0	二长花岗岩	
134	石垱山 1 号隧道	962.0	石英闪长岩	
135	石垱山 2 号隧道	298.0	石英闪长岩	
136	方山 1 号隧道	1 135.0	白云岩、灰岩	
137	方山 2 号隧道	215.0	弱风化白云岩	
138	红土岭隧道	2 995.0	白云质灰岩、白云质泥灰岩	
139	黄家湾隧道	123.0	粉砂质页岩、白云质灰岩	
140	松木桥隧道	1 280.0	燕山晚期粗粒花岗岩	
141	蔡家隧道	1 878.0	千枚状板岩	
142	陈家坡隧道	2 212.0	花岗闪长岩、绢云母板岩	
143	陈家湾隧道	729.1	板岩	
144	岑川隧道	4 249.0	绢云母千枚状板岩	
145	王家里隧道	898.0	千枚状板岩	
146	杨秀坡隧道	171.0	千枚状板岩	
147	童家园隧道	236.0	千枚状板岩	
148	阳雀湾隧道	1 273.0	板岩	
149	新屋隧道	150.0	千枚状板岩	
150	毛里湾 1 号隧道	142.0	千枚状板岩	
151	毛里湾 2 号隧道	239.0	千枚状板岩	
152	三百川隧道	319.0	千枚状板岩	
153	庙山里隧道	209.5	千枚状板岩	
154	石牛寨隧道	378.9	千枚状板岩	
155	余家坪隧道	172.0	千枚状板岩	
156	桐树坡隧道	162.6	千枚状板岩	
157	黎坪隧道	252.0	千枚状板岩	
158	曹家园隧道	139.0	千枚状板岩	
159	枫树坡隧道	251.0	千枚状板岩	
160	吴家隧道	507.0	千枚状板岩	

序号	隧道名称	隧道长度/m	主要地质条件	备注
161	张家坡隧道	335.0	板岩	
162	大塘坡 1 号隧道	70.0	砂砾岩夹泥质砂岩	
163	大塘坡 2 号隧道	383.3	砂砾岩夹泥质砂岩	
164	大塘坡 3 号隧道	58.8	砂砾岩夹泥质砂岩	
165	大塘坡 4 号隧道	185.0	砂砾岩夹泥质砂岩	
166	川坡隧道	99.0	砂砾岩、粉砂岩	
167	泮春隧道	982.0	基岩为板岩及花岗岩	
168	连云山隧道	10 704.0	粉砂质板岩	
169	廖家湾隧道	520.5	泥质细砂岩夹石英砂岩	
170	石桥冲隧道	179.7	基岩为板岩	
171	沈家冲隧道	440.8	板岩	
172	枫树湾隧道	182.0	板岩	
173	肖家冲隧道	284.5	板岩	
174	瞿家隧道	189.0	板岩	
175	横岭隧道	393.3	板岩	
176	上盆形隧道	135.7	板岩	
177	上庙湾隧道	93.9	板岩	
178	下庙湾隧道	155.0	板岩	
179	茶子隧道	137.0	板岩	
180	排上隧道	113.0	板岩	
181	官渡隧道	2 027.0	板岩	
182	谷山隧道	399.0	板岩	
183	跨马隧道	541.0	板岩	
184	林家屋隧道	1 446.0	黑云母花岗闪长岩	
185	彭家冲隧道	941.0	黑云斜长花岗岩	
186	张坊隧道	5 738.0	花岗岩、板岩	
187	八公湾隧道	197.0	雪峰期晚期花岗岩	
188	东丰桥隧道	256.4	雪峰期晚期花岗岩	
189	枫树隧道	180.0	雪峰期晚期花岗闪长岩	
190	大围山隧道	8 169.0	黑云斜长变粒岩、角岩	

序号	隧道名称	隧道长度/m	主要地质条件	备注
191	金家隧道	434.0	混合花岗岩	
192	永庆 1 号隧道	1 028.0	斜长花岗岩	
193	永庆 2 号隧道	1 310.0	花岗岩	
194	曾溪隧道	123.0	斜长花岗岩	
195	松隐隧道	293.0	斜长花岗岩	
196	青溪隧道	150.0	斜长花岗岩	
197	黄岗隧道	1 962.6	闪长岩	
198	九岭山隧道	15 390.0	花岗岩、花岗闪长岩	
199	石岩岭隧道	1 639.9	斜长闪长岩	
200	桐木隧道	5 372.0	花岗闪长岩、千枚岩	
201	洪源 1 号隧道	311.3	千枚岩、千枚状砂岩	
202	洪源 2 号隧道	90.0	千枚岩、千枚状砂岩	
203	大丰 1 号隧道	1 589.3	千枚岩	
204	大丰 2 号隧道	515.0	千枚岩	
205	大丰 3 号隧道	170.0	千枚岩	
206	香源隧道	154.7	绢云母片岩	
207	石市隧道	453.0	板岩	
208	袁家村隧道	984.0	砾石、石英砂岩	
209	杨树岭隧道	4 233.8	灰岩、粉砂岩、泥灰岩	
210	南港隧道	1 640.0	含炭质灰岩夹泥质灰岩	
211	员山隧道	743.0	含燧石结核灰岩	
212	马岭下隧道	756.0	灰岩	
213	程家坊 1 号隧道	304.0	粉质黏土	
214	程家坊 2 号隧道	331.0	灰岩	
215	北山 1 号隧道	429.0	灰岩	
216	北山 2 号隧道	2 398.0	含燧石结核灰岩	
217	双林隧道	851.0	含泥质砂岩夹炭质页岩、煤层	
218	彭家岭 1 号隧道	280.0	含燧石结核灰岩	
219	彭家岭 2 号隧道	2 108.0	燧石条纹灰岩夹钙质砂岩、炭质页岩、钙质泥岩夹炭质瘤状灰岩	

序号	隧道名称	隧道长度/m	主要地质条件	备注
220	埂背隧道	635.0	燧石条纹灰岩夹钙质砂岩、炭质页岩、钙质泥岩夹炭质瘤状灰岩	
221	李家坊隧道	2 263.0	长石石英砂岩、粉砂岩夹泥岩、灰岩	
222	毓秀山隧道	3 727.0	砾岩、粉砂岩、页岩	
223	垣下 1 号隧道	530.0	千枚岩	
224	垣下 2 号隧道	811.0	千枚岩	
225	白沙林隧道	282.0	砂质千枚岩、变质砂岩	
226	安山隧道	1 203.0	花岗岩及云母石英片岩	
227	吉安隧道	4 884.8	长石石英砂岩、粉砂岩、页岩	
228	杨园隧道	190.0	绢云母砂岩、粉砂岩	
229	道然明洞	46.0	板岩	

2.2.2　隧道断面形式

隧道设计断面形式主要分为单、双线正洞和单、双车道辅助坑道。隧道建筑限界采用《标准轨距铁路建筑限界》(GB 146.2—1983)中"隧限-2A""隧限-2B"。长度 1 km 及以上的隧道和隧道群(除新乔、松木桥隧道外)采用无砟轨道结构形式,其余均为有砟轨道。有砟隧道衬砌内轮廓依据《铁道部关于明确时速 120 公里及以下铁路隧道设计有关要求的通知》(铁建设〔2012〕159 号)以及《关于隧道内轮廓尺寸满足大机清筛作业要求的意见》要求,内轮廓设计满足大机养护要求,接触网刚性悬挂地段拱部预留 200 mm 接触网悬挂高度,断面参数及内轮廓如表 2-2、图 2-1 ~ 图 2-6 所示。

表 2-2　隧道断面参数表

序号	区段	断面类型		净空面积/m²	开挖断面积/m²	开挖最小宽度/m		初支后最小宽度/m		二衬后最小净宽(沟槽施工前)/m
		轨道	接触网			拱腰处	轨面处	拱腰处	轨面处	仰拱填充面
1	单线	无砟	刚性悬挂	33.07	46.42 ~ 60.84	6.29	6.07	6.19	5.81	4.52
2		无砟	链形悬挂	31.28	44.52 ~ 58.73	6.13	6.05	6.03	5.78	4.58
3		有砟	链形悬挂	37.48	52.96 ~ 68.92	7.37	7.37	7.27	7.12	5.91
4	双线	无砟		63.98	89.5 ~ 126.41	10.56	9.00	9.06	9.64	8.35
5		有砟		68.41	99 ~ 136.72	11.44	11.17	11.24	10.92	9.88
6		有砟黄土		71.15	114.12 ~ 134.05	12.37	11.96	11.46	11.26	9.75

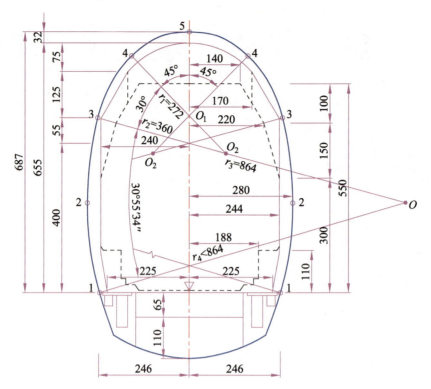

图 2-1　单线隧道无砟轨道刚性悬挂衬砌内轮廓（W=0）（单位：cm）

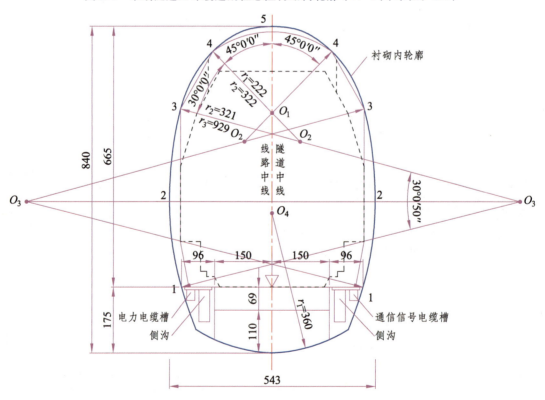

图 2-2　单线隧道无砟轨道链形悬挂衬砌内轮廓（W=0）（单位：cm）

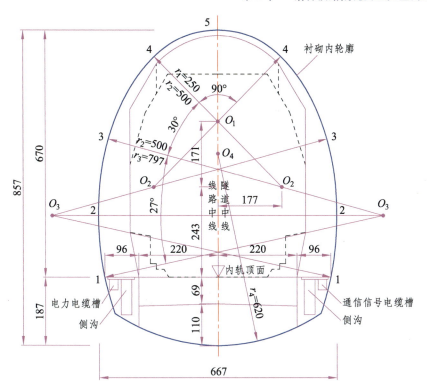

图 2-3　单线隧道有砟轨道链形悬挂衬砌内轮廓（ W =0 ）（单位：cm ）

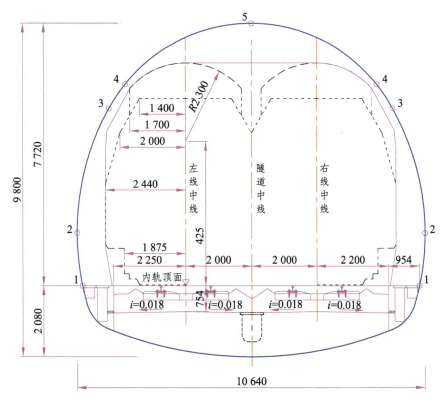

图 2-4　双线隧道有砟轨道衬砌内轮廓（ W =0 ）（单位：mm ）

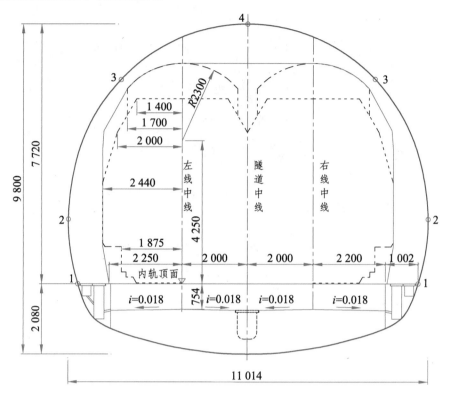

图 2-5 双线隧道有砟轨道黄土衬砌内轮廓（W=0）（单位：mm）

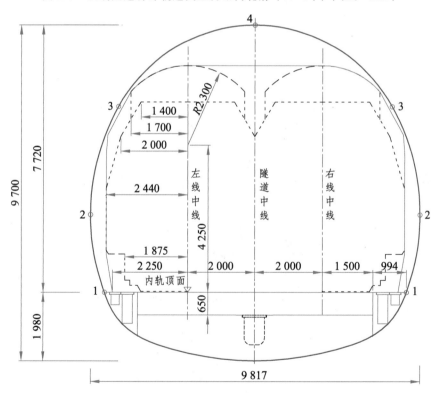

图 2-6 双线隧道无砟轨道衬砌内轮廓（W=0）（单位：mm）

2.2.3　风险等级

按照《铁路隧道风险评估与管理暂行规定》（铁建设〔2007〕200 号）的规定，本线隧道风险评估主要采用专家调查法和头脑风暴法，对隧道工程进行风险识别及评价工作，根据定测、补定测勘测资料及工程地质勘查报告等信息建立风险指标体系。隧道风险评估对象主要为隧道施工过程中的安全、环境、投资及工期，并侧重于安全风险。通过风险评估工作，识别所有潜在的风险因素，确定风险等级，提出风险处理措施，将各类风险降至可接受水平，以达到确保安全、环境保护、投资合理、保障工期、提高效益的目的。

全线 Ⅰ 级风险隧道有 7 座，Ⅱ 级风险隧道有 15 座，如表 2-3 所列。

表 2-3　浩吉铁路 Ⅰ、Ⅱ 级风险隧道

Ⅰ 级风险隧道		Ⅱ 级风险隧道	
序号	隧道名称	序号	隧道名称
1	集义隧道	1	白城隧道
2	万荣隧道	2	阳城隧道
3	中条山隧道	3	王家湾隧道
4	崤山隧道	4	麻科义隧道
5	西安岭隧道	5	阳山隧道
6	连云山隧道	6	禹门口隧道
7	杨树岭隧道	7	梨树坡隧道
		8	大中山隧道
		9	西峡隧道
		10	大围山隧道
		11	九岭山隧道
		12	桐木隧道
		13	石岩岭隧道
		14	双林隧道
		15	毓秀山隧道

2.3　浩吉铁路隧道建设理念及其特点

浩吉铁路作为国家投融资改革示范项目，在工程建设过程中进行了多方面的创新和探索，并始终将项目工程质量安全放在首位，以质量安全为导向，研究制定符合客观规律和现场实际的建设管理办法，以管理保质量，以质量保安全。浩吉铁路实行单价承包，量价分离，风险共担，用合理价格购买合格产品，以合理费用购买优质服务。浩吉铁路隧道工程建设回归新奥法施工本质，实现"围岩-初期支护结构共同作用，承担施工期全部荷载"的施工理念，并配套开展了相关科研验证和建设管理工作。概括来说，浩吉铁路隧道主要管理特点可以归纳为"一强化、两紧跟、三超前、四到位"。

2.3.1　一强化

"一强化"即强化监控量测。监控量测可以获得围岩和初期支护的稳定状态等信息，为判断施工现场的安全性、结构参数和工法调整、二次衬砌施作时机等提供依据。将监控量测纳入工序管理，真正做到"不量测不进洞，不安全不进洞"。全线采用"隧道施工监测信息化管理系统"，实现了监测数据采集、传输、分析和管理的全面信息化和自动化，各参建单位技术和管理人员通过监控量测信息管理 APP 实现了手机实时查看量测数据，包括变形总量、变形速率、初期支护表观现象和变形时态曲线等各项指标，对隧道施工安全进行实时判断，在保证安全的前提下组织现场施工。出现监测预警时，信息平台自动发送预警短信至各级技术及管理人员，保证现场能够第一时间研究并采取处理措施，确保施工安全。

2.3.2　两紧跟

"两紧跟"即初期支护钢架紧跟掌子面，仰拱紧跟下台阶。隧道开挖后，掌子面围岩应力进行重新分布，相关应力、应变值变化较大，拱部安全风险较大。浩吉铁路公司要求初期支护钢架必须紧跟掌子面，格栅间距可根据开挖进尺适当调整，严防掌子面拱部土体发生溜坍，保证掌子面安全。仰拱施工滞后会引起围岩-初支结构应力二次重分布，且初期支护结构不能及时封闭成环，无法及时与围岩共同作用形成承载结构，不利于隧道结构安全。浩吉铁路公司要求初期支护仰拱及时封闭成环紧跟下台阶（两台阶法施工按 1 倍洞径控制，三台阶法施工按 2 倍洞径控制），下台阶与仰拱一次开挖成型，缩短初期支护全环封闭时间。隧道初期支护仰拱封闭后及时回填洞渣以保证前方掌子面连续作业，后期采用自行式仰拱长栈桥（一次施工不小于 24 m，二次衬砌仰拱一次浇筑长度按台车长度控制）施工，区段作业保证了基底施工效果，从而有效保障了工程实体质量。

2.3.3　三超前

（1）加强超前地质预报管理，确定预报原则。隧道超前地质预报是保证隧道施工安全、优化工程设计、指导隧道施工的重要基础。浩吉铁路公司按照"简单地质条件从简判定，复杂地质条件由简入繁，特殊地质条件多手段验证"的原则，采用地质调查与勘探结合、物探与钻探结合、长距离与短距离结合、地面与地下结合、超前导洞与主洞结合的方法，预报掌子面前方及周边一定范围的地质情况。根据软弱围岩地层岩性多变、岩层层理变化频繁的特点，浩吉铁路公司在做好地表补勘、水平探孔等超前预报的同时，注重隧道掌子面的素描工作。通过超前地质预报，及时掌握隧道地质条件信息，预防各类突发性地质灾害，为调整隧道设计参数提供根据。

（2）采用超前加固，保证开挖安全。针对富水砂土、黄土、粉细砂地层等掌子面不能自稳的地段，提前做好超前加固方案，采用帷幕注浆、超前水平旋喷桩、地表注浆及旋喷桩加固等多种方式提高隧道围岩强度及稳定性，确保隧道开挖及结构安全。

（3）加强超前支护，选择合适开挖方法。浩吉铁路隧道软弱围岩段约占总长的 30%，主要有第三系未成岩地层、砂层及砂砾层、土砂层、砂泥岩互层、黄土及以黄土为主体的土质围岩、断层破碎带等。浩吉铁路公司针对软弱围岩确立了超前支护、大断面快速开挖、初期支护快速封闭成环的施工基本原则，尽量加固保护和少扰动围岩，使围岩和结构共同承载。

2.3.4 四到位

（1）工法选择到位。采用合适的工法施工，保证施工安全，如为减少对洞口土体的扰动，浩吉铁路公司优化了部分隧道工点的进洞参数，将原设计的超前大管棚优化成小导管（长导管配合）进行超前支护进洞；对于土石界面、粉细砂层段落采用超前密排小导管进行超前预支护和加固，提高结构强度后将原设计的双侧壁导坑开挖法简化为三台阶开挖，在保证结构和开挖安全的同时降低了施工难度。

（2）支护措施到位。采用湿喷工艺，湿喷机械手作业，保证初支混凝土的早期强度；采用统一型号的 8 字结格栅钢架，工厂化加工制作并统一配送；初支接茬部位采用钢隔板等隔离措施，保证连接部位的混凝土黏结牢固；钢架拱脚部位设置垫块垫紧，采用双排锁脚锚管，确保钢拱脚的稳定。

（3）快速封闭到位。初期支护快速封闭成环以确保被扰动的围岩及早趋于稳定，软弱围岩地段采用两台阶法开挖的掌子面距初支仰拱封闭成环按照 1 倍洞跨控制，采用三台阶法开挖的掌子面距初支仰拱封闭成环按照 2 倍洞跨控制，洞口段开挖长度达到 1~1.5 倍洞跨时，必须全面断面封闭成环形成锁口圈。

（4）衬砌质量到位。衬砌仰拱及填充作业采用一次清底及浇筑满足不小于 24 m 的自行式仰拱长栈桥，同时仰拱填充一次浇筑至设计标高；二衬环向受力主筋交错采用钢套管连接，保证受力主筋的连接强度；二衬浇筑采用新型衬砌台车及带模注浆工艺，衬砌养护提倡采用养护台车等措施。

2.4 隧道监控量测项目

2.4.1 必测项目

必测项目是隧道工程应进行的日常监控量测项目，具体见表 2-4。

表 2-4 监控量测必测项目

序号	监控量测项目	常用量测仪器	备注
1	洞内外观察	现场观察、数码相机、罗盘仪	
2	拱顶下沉	水准仪、钢挂尺或全站仪	
3	净空变化	收敛计、全站仪	
4	地表沉降	水准仪、钢钢尺或全站仪	隧道浅埋段
5	拱脚下沉	水准仪或全站仪	不良地质和特殊岩土隧道浅埋段
6	拱脚位移	水准仪或全站仪	不良地质和特殊岩土隧道深埋段

2.4.2　选测项目

选测项目是为满足隧道设计和施工的特殊要求进行的监控量测项目，具体见表 2-5。

表 2-5　监控量测选测项目

序号	监控量测项目	常用量测仪器
1	围岩压力	压力盒
2	钢架内力	钢筋计、应变计
3	喷混凝土内力	混凝土应变计
4	二次衬砌内力	混凝土应变计、钢筋计
5	初期支护与二次衬砌间接触压力	压力盒
6	锚杆轴力	钢筋计
7	围岩内部位移	多点位移计
8	隧底隆起	水准仪、铟钢尺或全站仪
9	爆破振动	振动传感器、记录仪
10	孔隙水压力	水压计
11	水量	三角堰、流量计
12	纵向位移	多点位移计、全站仪

2.5　监控量测断面及测点布置

2.5.1　地表沉降

隧道浅埋、下穿建筑物地段应在隧道开挖前布设地表沉降观测点。地表沉降测点和隧道内测点应布置在同一断面里程。地表沉降测点纵向间距可按表 2-6 的要求布置。

表 2-6　地表沉降测点纵向间距

隧道埋深与开挖宽度	断面间距/m
$2B < H_0 \leq 2（H+B）$	$15 \sim 30$
$B < H_0 \leq 2B$	$10 \sim 15$
$H_0 \leq B$	$5 \sim 10$

注：H_0 为隧道埋深（m）；H 为隧道开挖高度（m）；B 为隧道开挖宽度（m）。

地表沉降测点横向间距宜为 $2 \sim 5$ m。在隧道中线附近测点应适当加密，隧道中线两侧量测范围应不小于 H_0+B，其测点布置如图 2-7 所示。建(构）筑物对地表沉降有特殊要求时，拱顶下沉测点和净空变化测点应布置在同一断面上，监控量测断面可按表 2-7 的要求布置。拱顶下沉测点原则上应设置在拱顶轴线附近，当隧道跨度较大时，应结合施工方法在拱部增设测点，并可按图 2-8 布置。

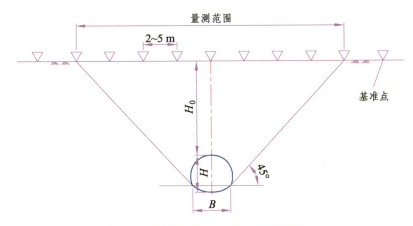

图 2-7　地表沉降横向测点布置示意图

表 2-7　必测项目监控量测断面间距

围岩级别	断面间距/m
V ~ VI	5 ~ 10
IV	10 ~ 30
III	30 ~ 50

注：① II 级围岩视具体情况确定间距。
　　② 不良地质和特殊岩土地段应取小值。

2.5.2　拱顶下沉和净空变化测点

拱顶下沉测点和净空变化测点应布置在同一断面上，监控量测断面可按表 2-7 的要求布置。拱顶下沉测点原则上应设置在拱顶轴线附近，当隧道跨度较大时，应结合施工方法在拱部增设测点，并可按图 2-8 布置。分部开挖法临时支护拆除后，继续进行拱顶下沉和净空变化量测时，测线按全断面开挖法布置。

净空变化量测测线数可按照表 2-8、图 2-8 布置。净空变化量测以水平测线量测为主，必要时设置斜测线（如洞口附近、浅埋区段、偏压或膨胀性围岩区段、拱顶下沉位移量大的区段），斜测线的设置有助于了解垂直方向的位移变化情况；当与解析法一起综合判断时，最好也布置斜测线。

表 2-8　净空变化量测测线数

地段开挖方法	一般地段	特殊地段
全断面法	1 条水平测线	—
台阶法	每台阶 1 条水平测线	每台阶 1 条水平测线，2 条斜测线
分部开挖法	每分部 1 条水平测线	CD 法（中隔壁法）或 CRD 法（交叉中隔壁法）上部、双侧壁导坑法左右侧部，每分部 1 条水平测线、两条斜测线，其余分部 1 条水平测线

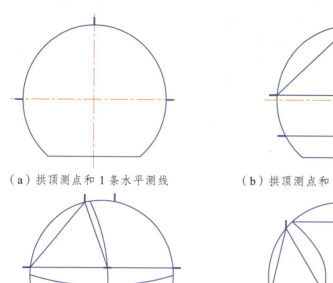

（a）拱顶测点和 1 条水平测线　　　　　　（b）拱顶测点和 2 条水平测线、2 条斜测线

（c）CD 法或 CRD 法拱顶测点和测线　　　　（d）双侧壁导坑法拱顶测点和测线

图 2-8　拱顶下沉和净空变化量测的测线布置示意图

2.5.3　选测项目

选测项目量测断面及测点布置应考虑围岩代表性、围岩变化、施工方法及支护参数的变化。监控量测断面应在相应段落施工初期优先设置，并及时开展量测工作。不同断面的测点应布置在相同部位，测点应尽量对称布置。

选测项目表 2-5 中 1～5 项的测点布置实例参见说明图 2-9。喷混凝土内力、钢架内力、二次衬砌内力、围岩压力、初期支护与二次衬砌间接触压力量测每断面一般设置 3～7 个测点（截面），如有需要可以增加测点（截面）。测点（截面）布置在拱顶、拱腰及边墙等部位。围岩内部位移每断面一般采用 3～5 个钻孔，分布在边墙和拱部。锚杆轴力量测在实际锚杆位置布置测点。围岩内部位移量测位置靠近净空位移测点，以便数据上互相验证。采用分部施工的隧道，如有需要可在临时支护上布置测点。

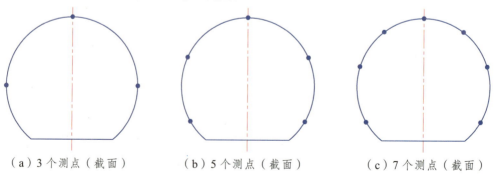

（a）3 个测点（截面）　　　（b）5 个测点（截面）　　　（c）7 个测点（截面）

图 2-9　选测项目的测点布置示例

选测项目的断面间距视需要而定，或在有代表性的地段选取若干测试断面。凡是地质条件差、隧道开挖断面积大、施工工序复杂的重要工程，布点适当加密。为了尽早对隧道设计参数、施工方法、制定的监控基准等进行评价，在设置有选测项目的隧道区段尽早进行布点。

2.6　监控量测频率

必测项目监控量测频率应根据测点距开挖面的距离及位移速度分别按表 2-9 和表 2-10 确定。由测点距开挖面的距离决定的监控量测频率和由位移速度决定的监控量测频率之中，原则上采用较高的频率值。出现异常情况或不良地质时，应增大监控量测频率。

表 2-9　按距开挖面距离确定的监控量测频率

监控量测断面距开挖面距离/m	监控量测频率
（0~1）B	2 次/d
（1~2）B	1 次/d
（2~5）B	1 次/（1~2）d
>5B	1 次/7 d

注：B 为隧道开挖宽度（m）。

表 2-10　按位移速度确定的监控量测频率

位移速度/（mm/d）	监控量测频率
≥5	2 次/d
1~5	1 次/d
0.5~1	1 次/d
0.2~0.5	1 次/（2~3）d
<0.2	1 次/7 d

注：① 开挖面地质素描、支护状态、影响范围内的建（构）筑物的描述应每施工循环记录一次。必要时，影响范围内的建（构）筑物的描述频率应加大。
　　② 选测项目监控量测频率应根据设计和施工要求以及必测项目反馈信息的结果确定。

2.7　主要监测项目操作要点

2.7.1　洞内外观察

洞内观察分为开挖工作面观察和已施工地段观察两部分。开挖工作面观察应在每次开挖后进行，及时绘制开挖工作面地质素描图、数码成像，填写开挖工作面地质状况记录表，并与勘查资料进行对比。已施工地段观察，应记录喷射混凝土、锚杆、钢架变形和二次衬砌等的工作状态。

（1）对开挖后没有支护的围岩进行观察，主要是了解开挖工作面的下列工程地质和水文地质条件：

①岩质种类和分布状态，结构面位置的状态；

②岩石的颜色、成分、结构、构造；

③地层时代归属及产状；

④节理性质、组数、间距、规模、节理裂隙的发育程度和方向性，结构面状态特征，充填物的类型和产状等；

⑤断层的性质、产状、破碎带宽度、特征等；

⑥地下水类型、涌水量大小、涌水位置、涌水压力、湿度等；

⑦开挖工作面的稳定状态，有无剥落现象。

（2）对已施工地段的观察每天至少应进行一次，其目测内容如下：

①初期支护完成后对喷层表面的观察以及裂缝状况的描述和记录，要特别注意喷混凝土是否发生剪切破坏；

②有无锚杆脱落或垫板陷入围岩内部的现象；

③钢拱架有无被压屈、压弯现象；

④是否有底鼓现象。

洞外观察重点应在洞口段和洞身浅埋段，并应记录地表开裂、地表变形、边坡及仰坡稳定状态、地表水渗漏等情况，同时还应对地表建（构）筑物进行观察。

观察中如果发现异常现象，要详细记录发现时间、距开挖工作面的距离等。

2.7.2　变形监控量测

1. 净空变化监控量测

隧道净空变化量测可采用收敛计或全站仪进行。采用收敛计量测时，测点采用焊接或钻孔预埋；采用全站仪量测时，测点应采用膜片式回复反射器作为测点靶标，靶标黏附在预埋件上，量测方法包括自由设站和固定设站两种。

用收敛计进行隧道净空变化量测方法相对比较简单，即通过布设于洞室周边上的两固定点，每次测出两点的净长 L，求出两次量测的增量（或减量）ΔL，即为此处净空变化值。读数时读 3 次，然后取其平均值。

用全站仪进行隧道净空变化量测方法包括自由设站和固定设站两种。其与传统的接触量测的主要区别在于，非接触量测的测点采用一种膜片式回复反射器作为测点靶标，以取代价格昂贵的圆棱镜反射器。具有回复反射性能的膜片形如塑料胶片，其正面由均匀分布的微型棱镜和透明塑料薄膜构成，反面涂有压敏不干胶，可以牢固地黏附在构件表面上。这种反射膜片大小可以任意剪裁，价格低廉。反射膜片贴在隧道测点处的预埋件上。在开挖面附近的反射膜片，需采取一定的措施对其进行保护，以免施工时反射膜片表面被覆盖或污染，同时施工单位和监控量测单位加强协调工作，保证预埋件不被碰歪和碰掉。通过对比不同时刻测点的三维坐标 $[x(t), y(t), z(t)]$ 可获得该测点在该时段的三维位移变化量（相对于某一初始状态），在三维位移矢量监控量测时，保证后视基准点位置固定不动，并定期校核，以保证测量精度。与传统接触式监控量测方法相比，该方法能够获取测点更全面的三维位移数据，有利于结合现行的数值计算方法进行监控量测信息的反馈，同时具有快速、省力、数据处理自动化程度高等特点。

2. 拱顶下沉监控量测

拱顶下沉量测可采用精密水准仪和钢钢挂尺或全站仪进行。测点应与隧道外监控量测基准点进行联测。测点可在隧道拱顶轴线附近通过焊接或钻孔预埋。采用全站仪量测时，测点设置及量测方法可按照有关规定进行。

拱顶下沉量测同位移变化量测一样，都是隧道监控量测的必测项目，最能直接反映围岩和初期支护的工作状态。目前拱顶下沉量测大多数采用精密水准仪和钢钢挂尺等。拱顶下沉监控量测测点的埋设，一般在隧道拱顶轴线处设 1 个带钩的测桩（为了保证量测精度，常常在左右各增加一个测点，即埋设 3 个测点），吊挂钢钢挂尺，用精密水准仪量测隧道拱顶绝对下沉量。可用 $\phi 6$ 钢筋弯成三角形钩，用砂浆固定在围岩或混凝土表层。测点的大小要适中，过小测量时不易找到，过大爆破时易被破坏。支护结构施工时要注意保护测点，一旦发现测点被埋，要尽快重新设置，以保证数据不中断。拱顶下沉量测示意图如图 2-10 所示。

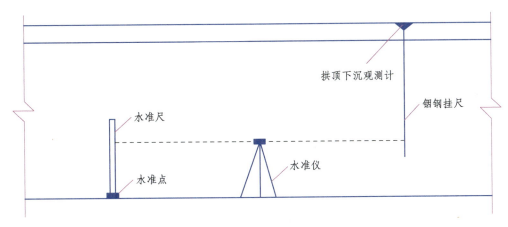

图 2-10　拱顶下沉量测示意图

拱顶下沉量的确定比较简单，即通过测点不同时刻的相对标高 h，求出两次量测的差值 Δh，即为该点的下沉值。读数时读 3 次，然后取其平均值。

拱顶下沉量测也可以用全站仪进行非接触量测，特别是对于断面高度比较高的隧道，非接触量测更方便。其具体量测方法与三维位移量测方法类似。

3. 地表沉降监控量测

地表沉降监控量测可采用精密水准仪、钢钢尺或全站仪进行。测点应采用地表钻孔埋设，测点四周用水泥砂浆固定。地表下沉量测一般用精密水准仪和钢钢尺进行测量，量测结果能反映浅埋隧道开挖过程中地表变形的全过程，其量测精度一般为 ±1 mm。如表 2-11 所示，浅埋隧道地表下沉量测的重要性，随隧道埋深变浅而增大。

表 2-11　地表量测的重要性

埋深	重要性	测量与否
$3B<H_0$	小	不必要
$2B \leqslant H_0<3B$	一般	最好量测
$B \leqslant H_0<2B$	重要	必须量测
$H_0 \leqslant B$	非常重要	必须列为主要量测项目

注：B 为隧道直径（m），H_0 为隧道埋深（m）。

地表下沉量测断面一般与洞内周边位移和拱顶下沉量测设置在同一断面，当地表有建筑物时，在建筑物周围增设地表下沉观测点。在隧道纵向（隧道中线方向）至少布置 1 个纵向断面。在横断面上至少布置 11 个测点，两测点的距离为 2~5 m。在隧道中线附近测点布置密些，远离隧道中线则疏些。

地表下沉量测方法和拱顶下沉量测方法相似，即通过测点不同时刻的标高 h，求出两次量测的差值 Δh，即为该点的下沉值。需要注意的是，参考点（基准点）设置在工程施工影响范围以外，以确保参考点（基准点）不下沉，并在工程开挖前对每一个测点读取初始值。一般在距离开挖面前方 $H+h$ 处[H 为隧道埋深（m），h 为隧道开挖高度（m）]就对相应测点进行超前监控量测，然后随着工程的进展按一定的频率进行监控量测。在读数时各项限差严格控制，每个测点读数误差不超过 0.3 mm，对不在水准路线上的观测点，一个测站不超过 3 个，超过时重读后视点读数，以作核对。首次观测时，对测点进行连续 3 次观测，3 次高程之差小于 ±0.1 mm 时，取平均值作为初始值。

当所测地层表面立尺比较困难时，可以在预埋的测点表面粘贴膜片式反射器作为测点靶标，然后用全站仪进行非接触量测。

4. 围岩内变形量测

为了判断开挖后围岩的松动区、强度下降区以及弹性区的范围，确定围岩位移随深度变化的关系和判断锚杆长度是否适宜，以便确定合理的锚杆长度，有必要对围岩内变形进行监控量测。

围岩内变形量测的设备主要使用多点位移计，它可量测隧道不同深度处围岩位移量。多点位移计应钻孔埋设，每个位移测点均由锚头、位移传递杆和测量端头组成。基准面板上有几个位移测点的锥形测孔，测量时将专用百分表插入基准面板的锥形孔内，插稳之后即可读数，每个测孔测量 3 次，最大差值小于 0.01 mm 时取其平均值记入表中。

2.7.3　应力、应变

应力、应变监控量测宜采用振弦式传感器、光纤光栅传感器。振弦式传感器可通过频率接收仪获得频率读数，依据频率-量测参数率定曲线换算出相应量测参量值。光纤光栅传感器可通过光纤光栅解调仪获得读数，换算出相应量测参量值。

1. 钢架应力量测

钢架应力量测可采用振弦式传感器、光纤光栅传感器。传感器应成对埋设在钢架的内、外侧，并应符合下列要求：

（1）采用振弦式钢筋计或应变计进行型钢应力或应变量测时，应把传感器焊接在钢架翼缘内测点位置。

（2）采用振弦式钢筋计进行格栅拱架应力量测时，应将格栅主筋截断并把钢筋计对焊在截断部位。

（3）采用光纤光栅传感器进行型钢或格栅拱架应力量测时，应把光纤光栅传感器焊接（氩弧焊）或粘贴在相应测点位置。

2. 混凝土应力、应变量测

为了解二次衬砌混凝土的应力状态，掌握喷射混凝土受力状况，有必要对喷射混凝土和二次衬砌模筑混凝土进行应力量测。

混凝土、喷混凝土应变量测可采用振弦式传感器、光纤光栅传感器，传感器固定于混凝土结构内的相应测点位置。

混凝土应变计是量测混凝土应力的常用仪器，量测时将应变计埋入混凝土内，通过频率测定仪测出应变计振动频率，然后从事先标定出的频率-应变曲线上求出应变，再转求应力。

当用光纤光栅传感器进行混凝土应变量测时，则将传感器成对埋入混凝土内，通过光纤光栅解调仪获得不同时刻的波长，然后再把波长转换为混凝土的应变值，求出应力。

测定混凝土应力时，不论采用哪一种量测法，均根据具体情况和要求，定期进行测量，每次每个测点的测量不小于 3 次，力求测量数据可靠、稳定，并做好原始记录。

2.7.4　接触压力

为了了解围岩压力的量值及分布状态，判断围岩稳定性，分析二次衬砌安全性，有必要对围岩与初期支护之间的接触压力以及初期支护与二次衬砌之间的接触压力进行监控量测。

接触压力量测可采用振弦式传感器。传感器与接触面应紧密接触，传感器类型的选择应与围岩和支护相适应。接触压力量测仪器根据测试原理和结构分为液压式测力计和电测式测力计。液压式测力计的优点是结构简单、可靠，现场直接读数，使用比较方便；电测式测力计的优点是测量精度高，可远距离和长期观测。目前使用最为普遍的是振弦式压力盒，属电测式测力计。在埋设压力盒时，要求接触紧密，防止接触不良。埋设好压力盒后应将其电缆统一编号，并集中放置于事先设计好的铁箱内，以免在施工过程中被压断、拉断。观测时，根据具体情况及要求，定期进行测量，每次每个压力盒的读数不少于 3 次，力求测量数值可靠、稳定，并做好原始记录。

2.7.5　爆破振动

爆破振动速度和加速度监控量测可采用振动速度和加速度传感器，以及相应的数据采集设备。传感器应固定在预埋件上，并应通过爆破振动记录仪自动记录爆破振动速度和加速度，分析振动波形和振动衰减规律。一般量测测点 3 个方向的振动速度或加速度分量，采用爆破振动记录仪自动记录。

2.7.6　孔隙水压和水量

孔隙水压监控量测一般采用孔隙水压计进行。其埋设方法与土压力盒基本相同，可采用挂布法、顶入法、弹入法、埋置法和钻孔法。水压计应埋入带刻槽的测点位置，并应采取措施确保水压计直接与水接触，通过数据采集设备获得各测点读数，并换算出相应孔隙水压力值。

水量监控量测可采用三角堰、流量计进行。

2.7.7　量测精度

监控量测系统的测试精度应满足设计要求。拱顶下沉、净空变化、地表沉降、纵向位移、隧底隆起测试精度可为 0.5 ~ 1 mm，围岩内部位移测试精度可为 0.1 mm，爆破振动速度测试精度可为 1 mm/s。其他监控量测项目的测试精度应结合元器件的精度确定。

元器件的精度应满足表 2-12 的要求，元器件的量程应满足设计要求，并具有良好的防震、防水、防腐性能。

表 2-12　元器件的精度

序号	元器件	测试精度
1	压力盒	≤0.5%F.S.
2	应变计	±0.1%F.S.
3	钢筋计	拉伸≤0.5%F.S.，压缩≤1.0%F.S.

注：F.S.为元器件满量程。

2.8　监控量测信息化基本原理

隧道监控量测信息化系统由全站仪（外置蓝牙模块）、电脑 PC 监控端软件、手机 APP 数据采集端三部分组成。在 PC 端添加隧道工程信息，传输至手机 APP，全站仪通过与手机 APP 的蓝牙连接，将测得的成果保存至手机端，再上传至 PC 端电脑进行数据分析并结合现有铁路监控量测规程中预警判断基准、历史数据、现场经验等综合判断发出预警信息。

监控量测信息化系统构成及流程如图 2-11 所示。

图 2-11　监控量测信息化系统

2.8.1　监控数据处理

1. 数据处理的目的

由于现场量测所得的原始数据具有一定的离散性，它包含着偶然误差的影响，所以不经过数学处理是难以利用的，例如要了解某一时刻某点的位移速率，简单地将相邻两时刻测得的数据相减后除以两时刻的时间间隔得到位移变化速率显然是不妥的，是不确切的。正确的做法是对所有数据进行回归分析，即用曲线 $u = f(t)$ 对时间-位移散点图进行拟合。然后计算时间 t 的函数一阶导数 $\dfrac{\mathrm{d}u}{\mathrm{d}t}$ 值即为该时刻位移速率。为此量测数据处理的目的是：

（1）监视围岩变形或应力状态随时间的变化情况，对最终位移值及变形速率的变化进行预测预报。

（2）探求围岩变形或应力状态的空间分布规律，了解围岩稳定性的特征，以求合理地设计支护系统。

（3）将各种量测数据相互印证，以确认量测结果的可靠性。

2. 量测数据的散点图和曲线

由于隧道工程地质条件和施工工序的复杂性以及具体量测环境的不同，开挖导致隧道围岩的变形并不是单调地增加，因受地质因素和施工工艺的影响，在某一时刻某一地段围岩变形有可能出现扩张的现象。因此，围岩变形随时间的变化，在初始阶段是波动的，然后逐渐趋于稳定。在量测数据整理中，可选用位移-时间曲线的散点图。

现场量测所得的数据（包括量测日期、时刻、隧道内温度、同一测线的二次重复量测微读数及钢尺孔位读数等）应及时绘制位移-时间曲线图（或散点图）。图中纵坐标表示变形量，横坐标表示时间。在图中应注明量测时工作面施工工序和开挖工作面距量测断面的距离，以便分析施工工序、时间、空间效应与量测数据间的关系。

3. 围岩变形-时间关系曲线

现场实测数据，必须经过计算求得量测时间间隔、累计量测时间、隧道水平收敛差值、累计收敛差值、当日收敛速率、平均收敛速率、拱顶下沉差值、累计拱顶下沉值、当日拱顶下沉速率、平均拱顶下沉速率、量测断面至开挖面距离等；在此基础上，绘出量测断面测线的收敛差值及累计收敛差值与时间的关系曲线、当日收敛速率及平均收敛速率与时间的关系曲线、拱顶下沉差值及累计拱顶下沉值与时间的关系曲线、当日拱顶下沉速率及平均速率与时间关系曲线等。

从维护隧道围岩的稳定性和支护系统的可靠性出发，现场工程技术人员最关心的是围岩变形是否侵入隧道设计断面的限界，是否对施工人员的安全构成威胁。根据数据处理后围岩的变形-时间曲线，找出不同时刻围岩的变形速率以及围岩变形速率的变化率发展趋势，进而预估围岩的最大变形量，用以同变形临界值相比较，以便判断隧道围岩变形是否在允许范围，同时对变形速率 $\dfrac{\mathrm{d}u}{\mathrm{d}t}$ 及变形速率的变化率 $\dfrac{\mathrm{d}^2u}{\mathrm{d}t^2}$ 进行探讨，据此来判断隧道围岩的稳定性和支护结构的可靠性。

4. 量测数据的回归分析

由于偶然误差的影响使量测数据具有离散性，根据实测数据绘制的变形随时间而变化的散点图呈现为上下波动状态，很不规则，难以据此进行分析，必须应用数学方法对量测所得的变形数据进行回归分析状态，找出隧道围岩变形随时间变化的规律，以便为修改设计与指导施工提供科学依据。

5. 常用的回归函数

位移历时回归分析一般采用如下函数：
①指数模型：

$$U = A\mathrm{e}^{-B/t}$$
$$U = A(\mathrm{e}^{-Bt_0} - \mathrm{e}^{-Bt})$$

②对数模型：

$$U = A\lg[(B+t)/(B+t_0)]$$
$$U = A\lg(1+t) + B$$

③双曲线模型：

$$U = t/(A+Bt)$$

式中　U ——变形值（或应力值）；

A、B——回归系数；

t、t_0——测点的观测时间（d）。

6. 最小二乘迭代法

根据最优化的基本原理，本书介绍一种适用于一般非线性函数回归分析的最小二乘迭代法。

选择的回归函数记为

$$y = f(x, B_1, B_2, \cdots, B_m)$$

式中：$B_1, B_2, \cdots, B_m$ 为回归系数。

设 $b_1, b_2, \cdots, b_m$ 分别为上述回归系数的近似值，并令

$$B_1 - b_1 = \delta_1$$
$$B_2 - b_2 = \delta_2$$
$$\cdots\cdots$$
$$B_m - b_m = \delta_m$$

引入偏导数记号

$$\frac{\partial f}{\partial B_j} = f'_{B_j}(x, B_1, B_2, \cdots, B_m)$$

将回归函数展为泰勒级数，取线性项

$$y = f(x, B_1, B_2, \cdots, B_m) \approx f(x, b_1, b_2, \cdots, b_m) + \sum_{j=1}^{m} f'_{B_j}(x, B_1, B_2, \cdots, B_m)\delta_j$$

最小二乘目标函数

$$Q = \sum_{i=1}^{m}[y_i - f(x_i, B_1, B_2, \cdots, B_m)]^2 \approx \sum_{i=1}^{m}\left[y_i - f(x_i, b_1, b_2, \cdots, b_m) - \sum_{j=1}^{m}f'_{B_j}(x_i, b_1, b_2, \cdots, b_m)\delta_j\right]^2$$

$$\frac{\partial Q}{\partial \delta_k} = 0, k = 1, 2, \cdots, m$$

则对所有 $k = 1 \sim m$ 均可写出

$$\sum_{j=1}^{m}\left\{\delta_j \sum_{i=1}^{n}\left[f'_{B_k}(x_i, b_1, b_2, \cdots, b_m)f'_{B_j}(x, b_1, b_2, \cdots, b_m)\right]\right\} -$$

$$\sum_{i=1}^{n}\left\{[y_i - f(x_i, b_1, b_2, \cdots, b_m)]f'_{B_k}(x_i, b_1, b_2, \cdots, b_m)\right\} = 0$$

引入记号

$$\alpha_{kj} = \sum_{i=1}^{n}\left[f'_{B_k}(x_i, b_1, b_2, \cdots, b_m)f'_{B_j}(x_i, b_1, b_2, \cdots, b_m)\right]$$

$$C_k = \sum_{i=1}^{n}[y_i - f(x_i, b_1, b_2, \cdots, b_m)]f'_{B_j}(x_i, b_1, b_2, \cdots, b_m)$$

$$k = 1 \sim m, j = 1 \sim m$$

上式可写成

$$\alpha_{11}\delta_1 + \alpha_{12}\delta_2 + \cdots + \alpha_{1m}\delta_m = C_1$$
$$\alpha_{21}\delta_1 + \alpha_{22}\delta_2 + \cdots + \alpha_{2m}\delta_m = C_2$$
$$\cdots\cdots$$
$$\alpha_{m1}\delta_1 + \alpha_{m2}\delta_2 + \cdots + \alpha_{mm}\delta_m = C_m$$

即得线性方程组

$$[A]\{\delta\} = \{C\}$$

解此方程组可得回归系数增量 $\{\delta\}$。

2.8.2 监控量测控制基准

1. 隧道初期支护极限相对位移

根据《铁路隧道监控量测技术规程》（TB 10121—2007）[16]，隧道初期支护极限相对位移可按照表 2-13 和表 2-14 选用。大、特大跨度黄土隧道初期支护相对位移可按照表 2-15 选用。

表 2-13　跨度 $B \leqslant 7$ m 隧道初期支护极限相对位移

围岩级别	隧道埋深 h/m		
	$H_0 \leqslant 50$	$50 < H_0 \leqslant 300$	$300 < H_0 \leqslant 500$
拱脚水平相对净空变化/%			
II	—	—	0.2 ~ 0.60
III	0.10 ~ 0.50	0.40 ~ 0.70	0.60 ~ 1.50
IV	0.20 ~ 0.70	0.50 ~ 2.60	2.40 ~ 3.50
V	0.30 ~ 1.00	0.80 ~ 3.50	3.00 ~ 5.00
拱顶相对下沉/%			
II	—	0.01 ~ 0.05	0.04 ~ 0.08
III	0.01 ~ 0.04	0.03 ~ 0.11	0.10 ~ 0.25
IV	0.03 ~ 0.07	0.06 ~ 0.15	0.10 ~ 0.60
V	0.06 ~ 0.12	0.10 ~ 0.60	0.50 ~ 1.20

注：① 本表适用于复合式衬砌的初期支护，硬质围岩隧道取表中较小值，软弱围岩隧道取表中较大值。表列数值可以在施工中通过实测资料积累作适当的修正。

② 拱脚水平相对净空变化指两拱脚测点间净空水平变化值与其距离之比，拱顶相对下沉指拱顶下沉值减去隧道下沉值后与原拱顶指隧底高度之比。

③ 墙腰水平相对净空变化极限值可按拱脚水平相对净空变化极限值乘以 1.2 ~ 1.3 后采用。

表 2-14 7 m<跨度 B≤12 m 隧道初期支护极限相对位移

围岩级别	隧道埋深 H_0/m		
	$H_0 \leq 50$	$50 < H_0 \leq 300$	$300 < H_0 \leq 500$
拱脚水平相对净空变化/%			
II	—	0.01～0.03	0.01～0.08
III	0.03～0.10	0.08～0.40	0.30～0.60
IV	0.10～0.30	0.20～0.80	0.70～1.20
V	0.20～0.50	0.40～2.00	1.80～3.00
拱顶相对下沉/%			
II	—	0.03～0.06	0.05～0.12
III	0.03～0.06	0.04～0.15	0.12～0.30
IV	0.06～0.10	0.08～0.40	0.30～0.80
V	0.08～0.16	0.14～1.10	0.80～1.40

注：① 本表适用于复合式衬砌的初期支护，硬质围岩隧道取表中较小值，软质围岩隧道取表中较大值。表列数值可以在施工中通过实测资料积累作适当的修正。
② 拱脚水平相对净空变化指拱脚测点间净空水平变化值与其距离之比，拱顶相对下沉指拱顶下沉值减去隧道下沉值后与原拱顶至隧底高度之比。
③ 初期支护墙腰水平相对净空变化极限值可按拱脚水平相对净空变化极限值乘以 1.1～1.2 后采用。

表 2-15 12 m<跨度 B≤16 m 黄土隧道初期支护极限相对位移

围岩等级	$H_0 \leq B$	$B < H_0 \leq 2(B+H)$	$2(B+H) < H_0$
拱部相对下沉/%			
IV$_a$	—	0.55～0.80	0.90～1.30
IV$_b$	—	0.70～0.95	1.15～1.55
V$_a$	0.40～0.60	0.80～1.15	1.35～1.90
V$_b$	0.55～0.80	1.10～1.50	
墙腰水平相对净空变化/%			
IV$_a$	—	台阶法施工时不作为控制指标，侧壁导坑法施工时取 η 倍拱部下沉	η 倍拱部下沉
IV$_b$	—		
V$_a$	不作为监控要求		
V$_b$			

注：① 本表按断面相对值给出，其中拱部下沉（%）为相对于隧底的拱部下沉值与断面开挖高度之比的百分数，适用于开挖面积 100～180 m²、非钻爆开挖、非饱和黄土的大断面黄土隧道，黏质黄土取较小值，砂质黄土取较大值。
② $\eta = H/B$，隧道宽度比系数。
③ 拱部下沉：台阶法包括拱脚和拱顶下沉，侧壁导坑法为导坑拱顶下沉。
④ 水平净空变化：全断面指标，双侧壁导坑法中可作为两侧导坑指标（中洞未开挖时）。
⑤ 台阶法施工时，拱脚水平净空变化基准值按表中墙腰水平净空变化的 1/1.3～1/1.8 采用，老黄土取前者，新黄土取后者。
⑥ 拱脚和拱顶下沉以及拱脚净空变化要求在距上台阶掌子面 1.5 m 以内开始初测，三台阶开挖时墙腰净空变化应在中台阶开挖时开始初测。

2. 位移控制基准

位移控制基准应根据测点距开挖面的距离，由初期支护极限相对位移按表 2-16 的要求确定。

表 2-16　位移控制基准

类别	距开挖面 $1B(U_{1B})$	距开挖面 $2B(U_{2B})$	距开挖面较远
允许值	$65\%U_0$	$90\%U_0$	$100\%U_0$

注：B 为隧道开挖宽度，U_0 为极限相对位移值。
来源：《铁路隧道监控量测技术规程》（TB 10121—2007）。

3. 位移管理等级

根据位移控制基准，位移可按表 2-17 分为三个管理等级。

表 2-17　位移管理等级

管理等级	跟开挖面 $1B$	跟开挖面 $2B$	工程措施
Ⅲ	$U<U_{1B}/3$	$U<U_{2B}/3$	正常施工
Ⅱ	$U_{1B}/3 \leqslant U \leqslant 2U_{1B}/3$	$U_{2B}/3 \leqslant U \leqslant 2U_{2B}/3$	加强监测，密切关注发展情况，分析原因，调整施工，使隧道变形趋于稳定,并制订应急方案和对策
Ⅰ	$U>2U_{1B}/3$	$U>2U_{2B}/3$	暂停施工，加强监测，启动应急预案，采取相应工程措施

注：U 为实测位移值。

2.8.3　信息反馈方法

由于围岩性质的复杂性，加上施工等人为因素的影响，在隧道工程中，无论事先的调查和试验做得多么细致，支护的实际受力及变形状态往往难与按力学模式所分析的结果相一致。为了确保隧道工程支护结构的安全可靠和经济合理，在施工阶段进行监控量测，及时收集由于隧道开挖而在围岩和支护结构中所产生的位移和应力变化等信息，并根据一定的标准来判断是否需要修改预先设计的支护结构和施工流程，这一方法称为信息反馈法，又称监控法。它的特点是能反映隧道开挖后围岩的实际应力及变形状态，使得设计和施工与围岩的实际动态相匹配。

在隧道工程中所采用的反馈方法可归纳为两大类，即理论反馈法和经验反馈法。理论反馈法是基于初勘地质成果、初步设计及施工效果，对初步设计和施工效果进行理论分析（利用量测数据的回归或时间序列分析、宏观围岩参数的位移反分析、理论解析或数值方法进行隧道稳定性分析），判别隧道稳定性，修正设计参数和施工方法。经验反馈法则直接利用量测数据与经验数据（位移值、位移速率、位移速率变化率等）进行对比，判断隧道的稳定性。

1. 理论反馈法

围岩物理力学参数是隧道计算分析的基础性数据,勘探及洞内取样试验是隧道局部点的、岩块的结果，与隧道总体的岩体结果有一定差距，在软弱、裂隙岩体中差距更大。利用施工监测位移的反分析，能获得反映等效围岩和施工实际宏观条件下的围岩物理力学参数。根据反分析方法不同，理论反馈法又有逆反分析法、直接反分析法、图解法等。

例如直接反分析法，即先按工程类比法预确定围岩物理力学参数，用分析方法求解隧道周边的位移值，并与量测到的隧道周边位移值进行比较，当两者有差异时，修正原先假定的计算参数，重复计算直至两者之差符合计算精度要求时为止。最后所用的计算参数即为围岩物理力学参数。

除弹塑性模型下的反分析法外，也可进行黏弹性模型反分析、黏弹塑性模型反分析。除定期反分析外，还可进行随机反分析。

2. 樱井方法

樱井方法是日本神户大学樱井春辅教授提出的求解初应力和变形模量的反分析方法。

隧道开挖所引起的释放力可表示为

$$\{p_0\} = \int_V [B]\{\sigma_0\}^{\mathrm{T}} \mathrm{d}V \tag{2-1}$$

式中　$[B]$——开挖单元的几何矩阵；

　　　$\{\sigma_0\}$——初始地应力；

　　　V——开挖单元体积。

假定在所研究的范围内 $\{\sigma_0\}$ 为常数并考虑二维问题，则公式（2-1）可表示为

$$\{p_0\} = \sigma_{0x}\{B_1\} + \sigma_{0y}\{B_2\} + \tau_{0xy}\{B_3\} \tag{2-2}$$

式中　σ_{0x}、σ_{0y}、τ_{0xy}——初始地应力三分量（kPa）；

　　　$\{B_i\}(i=1,2,3)$——根据有关单元的几何矩阵，在整个开挖范围积分而成，可将 $\{B_i\}$ 分块，写成 $\{B_i\} = [B_{i1} \quad B_{i2}]^{\mathrm{T}}$

假定围岩和衬砌均为线性弹性介质，则系统的总刚度矩阵可表示为

$$[K] = E_{\mathrm{R}}\left([K_{\mathrm{R}}] + \frac{E_{\mathrm{L}}}{E_{\mathrm{R}}}[K_{\mathrm{L}}]\right) = E_{\mathrm{R}}[K^*] \tag{2-3}$$

式中　E_{R} 及 E_{L}——岩体和衬砌的变形模量；

　　　$[K_{\mathrm{R}}]$ 及 $[K_{\mathrm{L}}]$——假定 $E_{\mathrm{R}}=1$ 及 $E_{\mathrm{L}}=1$ 情况下围岩和衬砌对总刚度矩阵的贡献。

节点位移矩阵 $\{u\}$ 可以分为二个子块

$$\{u\} = [u_m \quad u_x]^{\mathrm{T}} \tag{2-4}$$

式中　u_m——量测到的位移；

　　　u_x——其余未知位移。

根据式（2-2）、（2-3）、（2-4）得出

$$\{p\} = [K]\{u\}$$

则有

$$\sigma_{0x}\begin{Bmatrix} B_{11} \\ B_{12} \end{Bmatrix} + \sigma_{0y}\begin{Bmatrix} B_{21} \\ B_{22} \end{Bmatrix} + \tau_{0xy}\begin{Bmatrix} B_{31} \\ B_{32} \end{Bmatrix} = E_{\mathrm{R}}\begin{bmatrix} K_{11}^* & K_{12}^* \\ K_{21}^* & K_{22}^* \end{bmatrix} \tag{2-5}$$

从上式得到

$$\sigma_{0x}\{B_x\} + \sigma_{0y}\{B_y\} + \tau_{0xy}\{B_{xy}\} = E_R\left[K_N^*\right]\{u_m\}$$

式中

$$B_x = \left[B_{11}\right] - \left[K_{12}^*\right]\left[K_{22}^*\right]^{-1}\left[B_{12}\right]$$

$$B_y = \left[B_{21}\right] - \left[K_{12}^*\right]\left[K_{22}^*\right]^{-1}\left[B_{22}\right]$$

$$B_z = \left[B_{31}\right] - \left[K_{12}^*\right]\left[K_{22}^*\right]^{-1}\left[B_{32}\right]$$

$$\left[K_N^*\right] = \left[K_{11}^*\right] - \left[K_{12}^*\right]\left[K_{22}^*\right]^{-1}\left[K_{21}^*\right]$$

式（2-5）最终可写成

$$\{u_m\} = \frac{1}{E_R}[A][\sigma_0] \tag{2-6}$$

式中

$$[A] = \left[K_N^*\right]^{-1}\{B_x\}\left[K_N^*\right]^{-1}\{B_y\}\left[K_N^*\right]^{-1}\{B_{xy}\} \tag{2-7}$$

上述 $[A]$ 表达式中 $\left[K_N^*\right]$ 取决于比值 $\dfrac{E_L}{E_R}$ 及泊松比 u_R 及 u_L。由于 u 对分析结果的影响甚小，可假定一个合适的数值代入即可。

对于无衬砌隧道，取 $\dfrac{E_L}{E_R}=0$，同时假定 $E_R=1$。此时，通过反分析所求得的初应力在量值上应为 $\dfrac{1}{E_R}\{\sigma_0\}$，令

$$\frac{1}{E_R}\{\sigma_0\} = \{\bar{\sigma}_0\}$$

称作"标准初应力"。很明显，对于探求围岩应变分布情况而言，似乎不必分别确定初应力和变形模量的量值，知道它们之间的比值即标准初应力也就足够了。如果要分别确定它们的量值，则必须引入补充条件。例如，可以假定初应力的垂直分量同埋深成正比，即

$$\sigma_{0y} = \gamma_R H$$

则有

$$E_R = \frac{\gamma_R H}{\bar{\sigma}_{0y}}, \quad \sigma_{0x} = E_R \bar{\sigma}_{0x}, \quad \tau_{0xy} = E_R \bar{\sigma}_{0xy}$$

式中　　γ_R——岩体容重（kN/m³）；

H——埋深（m）；

$\bar{\sigma}_{0x}$、$\bar{\sigma}_{0y}$、$\bar{\tau}_{0xy}$——标准初应力三个分量（kPa）。

对于有衬砌的隧道，尽管衬砌材料的泊松比 u_L 及弹性模量 E_L 已知，但尚不能确定 $[A]$，因为 $\dfrac{E_L}{E_R}$ 仍属未知。此时，可采用迭代法进行计算。首先假定一个 E_R 值借以确定 $[A]$。然后

求解 E_R，而后再以解得之 E_R 去确定 $[A]$，重复上述计算，直至两次所得 E_R 值相差.

3. 位移联图反分析

杨志法等人曾提出一种"位移联图反分析法"。

假定初应力的垂直分量 $\sigma_{0y} = \gamma_R H$，$\tau_{0xy} = 0$，试通过反分析求初应力的水平分量
形模量。

若将岩体视为弹性介质，显然有：

（1）当初应力不变时，各点位移与岩体弹性模量 E 成反比。

（2）当 σ_{0y} 确定不变时，各点位移同 σ_{0x} 间有线性关系。

通过有限元计算可以得到相应于各种不同弹模情况下的 i 点位移 δ_i 随 σ_{0x} 的变化而
函数关系图（直线）。同理，可以对 j 点作 δ_i-σ_{0x} 图（图 2-12）。然后，在图 δ_i-σ_{0x} 及图 δ_j~$_{0x}$ 上
依实测值 δ_{im} 及 δ_{jm} 作平行于纵坐标轴的直线，分别交直线族于 $I_1, I_2, \cdots, I_k \cdots$ 及 $J_1, J_2, \cdots, J_k \cdots$，
联结 $I_1 J_1, I_2 J_2, \cdots, I_k J_k \cdots$，找出其中呈水平状者 $I_k J_k$，相应 E_k 及 $(\sigma_{0x})_k$ 即为所求。

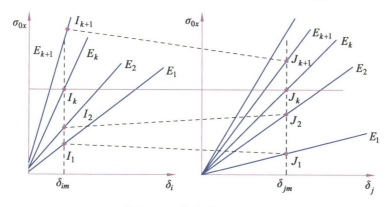

图 2-12　位移联图反分析

这种方法的物理概念十分清楚，如果量测值 δ_i、δ_j 是正确的，那么必定有一组唯一的
σ_{0x}、E 值使

$$\begin{cases} f_i(\sigma_{0x}, E) = \delta_i \\ f_j(\sigma_{0x}, E) = \delta_j \end{cases}$$

式中：$f_i(\sigma_{0x}, E)$ 及 $f_j(\sigma_{0x}, E)$ 分别为以 δ_i-σ_{0x} 图及 δ_j-σ_{0x} 图表征的函数，而上述联立方程的解
正是通过水平线段 $I_k J_k$ 来确定的。

上述位移联图反分析法原理简单明确，易于掌握，但在确定 σ_{0x} 及 E 时只使用了两个点
的量测数据。当测得数据较多时可以两两匹配分别据以确定 σ_{0x} 及 E，然后将各求得之 σ_{0x} 及
E 取以算术平均值。

然而，由于量测数据的离散性，有时确定水平线段将变得较为困难，或者使求得的结果
具有较大的离散性，这就影响了这种方法的实用性。

4. 经验反馈法

经验反馈法是根据工程类比建立一些判断准则，然后利用量测到的信息与这些准则进行
比较，依次来判断围岩的稳定性和支护结构的工作状态的方法。一般可用下面三个判断准则

进行判断：

（1）根据位移（或净空变化）量测值或预计最终位移值来判断。

在隧道开挖过程中，若发现量测到的位移总量超过某一临界值或者根据已测位移预计最终位移将超过某一临界值时，则意味着围岩不稳定，支护系统须加强。

隧道开挖引起的围岩位移的最终值可按下列方法进行预测：

① 将施工量测到的位移数据进行回归得到位移的最大值；

② 在先期开挖的辅助坑道中对围岩变形量进行量测，根据量测数据进行反分析计算，得到围岩的变形模量和地应力参数，据以计算和预测正洞的位移。

我国现行的《铁路隧道设计规范》（TB 10003—2016）规定：隧道稳定性可根据隧道施工实测位移 U、隧道极限位移 U_0 进行判别。当 $U \leq U_0$ 时，隧道稳定；当 $U > U_0$ 时，隧道不稳定。在参照国外有关资料并对我国一些工程的实测数据进行统计分析的基础上，该规范提出了单、双线隧道初期支护的拱脚水平相对净空变化和拱顶相对下沉的极限位移，考虑了隧道埋深和围岩级别两项因素，由于各级围岩对应的极限位移都是范围值，使用中软质围岩取较大值，硬质围岩取较小值。

（2）根据位移速率来判断。

采用新奥法施工的一条原则是二次支护要在围岩变形基本稳定的情况下施作，以保证支护系统具有足够的安全度和耐久性。《铁路隧道喷锚构筑法技术规范》（TB 10108—2002）和《铁路隧道设计规范》（TB 10003—2016）提出，可将围岩变形速率作为判定围岩稳定性的一个依据。《铁路隧道喷锚构筑法技术规范》（TB 10108—2002）分别将水平收敛值的变化速率 10～20 mm/d 和 0.2 mm/d 作为标志围岩"急剧变形"和"基本稳定"的临界值。

王建宇等分析了下坑隧道、南岭隧道等隧道的量测结果后建议：净空变化速率小于 0.2 mm/d 时施作二次支护；对于某些膨胀性围岩，当位移长期（例如开挖后两个月以上）不能稳定时也要等到净空变化达到 1 mm/d 才能施作二次支护。他们同时指出，二次支护施作时间选择的上述原则不一定适用于埋深过浅的隧道，围岩丧失稳定时的临界位移量值很小，尽快施作二次支护往往是有利的。

（3）根据位移-时间曲线形态或位移-距离曲线形态来判断。

对于隧道开挖后洞内测得的位移曲线，如图 2-13 所示，如果始终保持变形速率 $\frac{d^2u}{dt^2}<0$（图 2-13 中 OA 段），则围岩是稳定的；如果位移曲线随即出现 $\frac{d^2u}{dt^2}=0$（图 2-13 中 AB 段）情况，即变形速度不再继续下降，则说明围岩进入"二次蠕变"状态，须发出警告，及时加强支护系统；一旦位移出现 $\frac{d^2u}{dt^2}>0$（图 2-13 中 BC 段）的形状，则表示已进入危险状态，须立即停工，进行加固。

对于浅埋隧道，地表沉降随开挖面推进的发展曲线可用以判断围岩稳定性。理论分析表明，当掌子面通过测点所在的位置时，曲线由上弯转为下弯，在该处应有

$$\left(\frac{d^2u}{dt^2}\right)_{t=0}=0$$

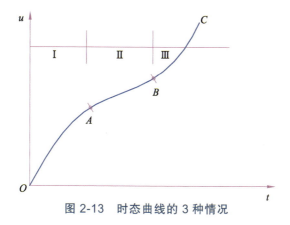

图 2-13　时态曲线的 3 种情况

如果当掌子面已通过测点所在位置后，曲线仍保持上弯状态，则说明围岩不稳定，有坍塌的危险，须及时加强支护。

王建宇等人在对南岭隧道低洼段监控中，对地表沉降进行了监测，在开挖面通过测点后地表沉降的变化速率并没有随开挖面的远离而渐减，相反地继续保持上弯形状，当时这个重要的预警信号并没有被认识到，于是发生了塌方。

2.8.4　信息反馈程序

监控量测信息反馈应根据监控量测数据分析结果，对工程安全性进行评价，并提出相应工程对策与建议。监控量测信息反馈可按图 2-14 规定的程序进行。

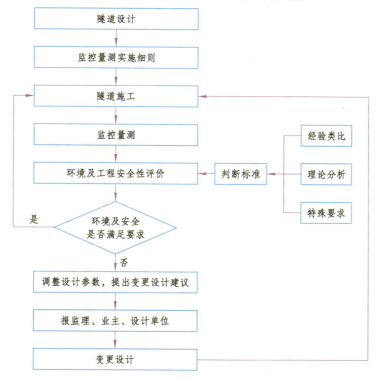

图 2-14　监控量测信息反馈程序

监控量测数据取得后应及时进行校对、整理以及分析处理，施工过程中应进行监控量测数据的实时分析和阶段分析，并应符合下列要求：

（1）实时分析：每天根据监控量测数据及时进行分析，发现安全隐患应分析原因并提交异常报告。

（2）阶段分析：按周、月进行阶段分析，总结监控量测数据的变化规律，对施工情况进行评价，提交阶段分析报告，指导后续施工。

监控量测数据的分析应包括以下主要内容：

（1）根据量测值绘制时态曲线。

（2）选择回归曲线，预测最终值，并与变形管理值进行比较。

（3）对支护及围岩状态、工法、工序进行评价。

（4）及时反馈评价结论，并提出相应的工程对策建议。

2.8.5　信息平台构建原理

软件系统设计原则是系统平台构建的重要影响因素，对实现理想的效果和功能有着重要作用。这些设计原则主要有功能实用性、可扩展性、灵活性、可重用性、可靠性和安全性等。基于这些原则，才能使开发的系统更加科学化、合理化。

系统开发主要是要解决数据信息的组织和管理、为用户提供友好的人机界面、满足网络化和可视化的需求。目前主要的数据管理平台或搜索引擎包括 Microsoft Access、SQL Server 或 Oracle 等数据库。在 Windows 操作系统环境下，可采用开放数据库互联（ODBC）方法，利用开发工具提供的应用数据接口 ADO 技术实现对数据库的创建、访问、编辑和查询等功能。具体选择何种数据库支撑软件，与数据量的大小和应用成本考虑有关。数据量小、应用简单可用 Access，反之可选用 SQL Server 等大型数据库。软件系统的人机交互界面一般采用通用高级开发语言（如 Delphi、C#、VB 和 Java）进行设计开发，具体选择根据个人喜好或对软件的熟悉掌握情况确定。因为，一些开发工具在功能和软件界面设计效率方面区别不大，软件界面设计难度不在于工具本身的复杂性，而在于开发者是否有一个良好的用户界面框架结构设计。良好的用户界面体现出对系统功能合理的层次组织，是便于系统应用推广的关键。网络化主要是满足监测信息的共享与远程监测两个需求，可以通过建立网站借助于 Internet 来实现监测信息的远程传输与查询；可视化除了简单的数据图形、影像与视频外，更重要的是 GIS 技术的广泛应用，通常借助于 GIS 基础软件的二次开发功能，如国外的 Arc GIS 和国内 Super Map GIS 软件都提供了相应的 SDK（二次开发工具包），供开发人员采用通用开发工具来创建一个反映测点空间位置与周围环境的类似电子地图的图形平台，在此平台上集成多源信息，可以提高复杂信息的管理工作效率。

关于铁路隧道监测信息平台的构建，按照软件设计原则，结合不同的需求、开发思路等开发的系统组成存在一定差异。结合隧道工程监测信息管理的功能需求和综合现有研究成果，这里着重介绍下李元海教授等[17]所构思的系统平台。李元海教授提出以信息为中心，强调对信息的分析处理与应用。通过对系统的研发与应用，最终需要实现任何一位与隧道施工相关或主管的领导（Anybody）在任何时间（Anytime）、任意地点（Anywhere），只要在能访问互联网的地方就能够实现对该系统的访问和使用，进而完成系统中涵盖的所有管理工作

（Anything），实现对铁路隧道施工的人员生命和财产的保障，如图 2-15 所示。

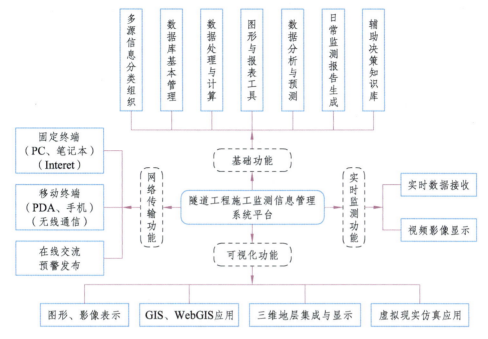

图 2-15　隧道施工监测信息系统的功能框架结构

我们可以看到该系统十分完善，当前国内许多铁路隧道监测信息系统也只是实现了这套系统的部分功能。如果要搭建图 2-15 所示的系统，未来我们还有很多工作需要去做，需要进一步深入研究和开发，特别是系统中的移动终端、实时监测和虚拟现实仿真技术应用以及监测数据的准确性、可靠性预测分析和处理等都还需要进一步完善和发展。当然，一个具体的、有效的隧道监测信息系统不一定要包括图 2-15 所示的所有功能，应结合工程应用的具体要求进行针对性开发。

第3章 信息化平台——隧道施工监测信息管理系统（TGMIS）

3.1 TGMIS 平台构建历程

在国家信息化战略和中国铁路总公司的重视下，中铁西南院人迎难而上、兢兢业业、刻苦钻研，中铁西南院自主开发的 TGMIS 系统平台于 2015 年终于在浩吉铁路全线开始上线应用。然而一套隧道监测信息系统的成功开发应用不是一蹴而就的，必须有一个循序渐进的过程。中铁西南院 TGMIS 系统平台发展历程大致如下：

2002 年，中铁西南院针对监测项目的施工日志、数据大批量重复性的录入及处理工作繁复耗时耗力等问题，提出了自动化、信息化的发展思路。

纯铜隧道监控量测是现场技术员现场操作全站仪等设备采集信息，手动录入电脑，再做出相应的报表、存档。在此过程中存在大量的繁复、枯燥的重复性劳动，技术人员每天的工作就淹没在大量的数据采集和录入中，且监管存在一定的局限性，出错概率偏高。而实现监测工作的信息化和自动化，就可以将技术人员从这种重复性的劳动中解放出来，将精力投放在建立和优化数据库、综合分析处理数据等更重要的工作中去，实现及时监管，减小错误概率。

2003 年，研发团队完成了前期调研；结合隧道施工和竣工工序，并根据中铁西南院从事的具体业务范围，初步提出了信息化工作应涵盖竣工验收编制、施工动态展示、施工管理信息汇总、监控量测信息汇总等几个方面。

从 2003 年至 2008 年，一些针对具体问题改进的小软件陆续被研发出来并经历反复验证，单机版监测软件初步开发完成。

2008 年，随着"数字化铁路"课题的实施，中铁西南院将信息化的重点放在监控量测方面，力求走专业化、精细化的道路。研发团队开始摸索着在其所在的贵广铁路监测项目上进行实践，将前期研究成果软件整合应用到施工监测工作中，监测软件网络版初具雏形。

2009 年，在宜万铁路高风险的隧道监测项目中，中铁西南院批准建立自动监控中心，系统实现了远程数据采集功能；同年，在贵广铁路上重点开展变形监测信息化研究，实现了铁路隧道施工监控量测信息化管理平台试运行，并取得国家版权局计算机软件著作权登记证书。

2011—2013 年，铁路隧道施工监控量测信息化管理平台在南广铁路、云桂铁路（广西段）上试用。系统试用前后涉及 8 个标的隧道，实现现场监测数据网络化管理，让施工单位处理和反馈数据更加及时，大大缩短了监测内业处理时间，实现了全线监测工作标准化。该系统共管理 60 多个掌子面，用户有 100 余个。

2013 年，隧道管理施工监测信息管理系统（TGMIS）在中国铁路总公司 BIM 试点项目 ——西成·西兰客运专线（陕西段）石鼓山隧道中试用，以研发利用手持设备直接采集全站仪数据，实时上传至远程服务器，在客户端生成书面资料报送和存档，规避人为因素对数据的干预，解决信息反映滞后、真实度受影响等问题，并对紧急情况实现自动预警。

2015 年 8 月,在经过一系列升级完善后,中铁西南院隧道施工监测信息管理系统(TGMIS)在浩吉铁路全线开始上线应用,蒙陕、晋豫、湘赣三个指挥部同时推进。截至 2018 年 1 月 1 日,针对浩吉铁路隧道工程中设置工作面、埋设测点（统计），进行监控量测。该工程实现了监控量测技术与信息技术深度融合，在数据采集、分析、预警标准等方面取得突破性进展，对设计、施工具有较强的指导意义，为实现监测项目标准化、信息化管理，从而避免人员伤亡和财产损失发挥了巨大的作用。

3.2　TGMIS 平台关键技术

中铁西南院结合国内外铁路隧道监控平台研究成果、过去的工程项目经验等，将平台应用到铁路实践中，根据隧道现场情况对平台不断调整、不断完善，形成了中铁西南院隧道监控量测系统的关键技术。这些关键技术主要包括：Microsoft.NET 开发平台、C/S 兼 B/S 技术构架、Web Services 技术、XML 集成技术、WPF 技术、数据库技术与应用、XMPP 协议、蓝牙技术、可复用软件构建技术、规范统一的报表生成技术、基于职责和角色的授权管理、协同技术与应用、Silverlight 技术、工作流（Work Flow）技术与应用等。

3.2.1　Microsoft.NET 开发平台

系统采用目前世界上最为主流的.NET 开发平台和先进的基于互联网的 B/S 与 C/S 相结合的技术构架,产品整体技术框架稳定、可靠和标准,支持各种操作系统（Windows、UNIX、LINUX）和大型数据库（Oracle、SQL Server、SYBASE 等），具有实施速度快、维护成本低、扩展性强、支持点对点的实时通信和数据集中存储的优势，不需要配置较高的硬件，在 PC Server 级服务器上就能很好地运行，有效地降低了 IT 总成本。

.NET 开发平台是微软公司.NET 战略的一部分，微软拟将互联网作为构建新一代操作系统的基础，并对互联网和操作系统的设计思想进行合理延伸，使开发人员能够创建出与设备无关的应用程序，以便轻松实现互联网连接。.NET 开发平台是一组用于建立 Web 服务应用程序和 Windows 桌面应用程序的软件组件，包括.NET Framework（框架）、.NET 开发者工具和 ASP.NET，其中.NET 框架是.NET 软件构造中最具挑战性的部分。.NET 框架实现了语言开发、代码编译、组件配置、程序运行、对象交互等各个层面的功能，为 Web 服务及普通应用程序提供了一个托管、安全、高效的执行环境。

3.2.2　C/S 兼 B/S 技术构架

C/S 结构是软件系统体系结构，通过它可以充分利用两端硬件环境的优势，将任务合理分配到 Client 端和 Server 端来实现，降低了系统的通信开销。目前，大多数应用软件系统都是 Client/Server 形式的两层结构。由于现在的软件应用系统正在向分布式的 Web 应用发展，Web 和 C/S 应用都可以进行同样的业务处理，应用不同的模块共享逻辑组件；因此，内部的和外部的用户都可以访问新的和现有的应用系统，通过现有应用系统中的逻辑可以扩展出新的应用系统。其优点是能充分发挥客户端 PC 的处理能力，很多工作可以在客户端处理后再提交给服务器，客户端响应速度快。其缺点主要有以下几个：

（1）这种架构只适用于局域网。随着互联网的飞速发展，移动办公和分布式办公越来越普及，这需要我们的系统具有扩展性。这种方式远程访问需要专门的技术，同时要对系统进行专门的设计来处理分布式的数据。

（2）客户端需要安装专用的客户端软件。首先涉及安装的工作量；其次任何一台电脑出问题，如病毒、硬件损坏，都需要进行安装或维护；还有，系统软件升级时，每一台客户机需要重新安装，其维护和升级成本非常高。

（3）在 B/S 结构下，用户工作界面是通过 WWW 浏览器来实现的，极少部分事务逻辑在前端（Browser）实现。但是，主要事务逻辑在服务器端（Server）实现，形成了所谓三层 3-tier 结构。相对于 C/S 结构属于"胖"客户端，需要在使用者电脑上安装相应的操作软件来说，B/S 结构属于一种"瘦"客户端，大多数或主要的业务逻辑都存在于服务器端。因此，B/S 结构的系统不需要安装客户端软件，它运行在客户端的浏览器之上，系统升级或维护时只需更新服务器端软件即可。这样就大大简化了客户端荷载，减轻了系统维护与升级的成本和工作量，降低了用户的总体成本（TCO）。B/S 结构系统的产生为系统面对无限未知用户提供了可能。当然，与 C/S 结构相比，B/S 结构也存在着系统运行速度较慢，访问系统的用户不可控的弱点。

（4）以目前的技术看，局域网建立 B/S 结构的网络应用，并通过 Internet/Intranet 模式进行数据库应用，相对易于把握，成本也是较低的。它是一次性到位的开发，能实现不同的人员，从不同的地点，以不同的接入方式（比如 LAN、WAN、Internet/Intranet 等）访问和操作共同的数据库；它能有效地保护数据平台和管理访问权限，服务器数据库也很安全。

所以，中铁西南院隧道施工监测信息系统采用 C/S 与 B/S 相结合的技术架构，互取 C/S 与 B/S 框架的优点，弥补各自的缺点，取长补短的创新使得管沉隧道施工监测信息系统更专业、安全、可靠。自动获取数据后，由监测人员通过客户端软件处理原始数据，分析数据，再上传到服务器端后，已分配权限的公司领导、项目负责人、专家等可在不同的地方浏览同样的数据和预警信息，并给予及时的决策指导。

3.2.3　Web Services 技术

Web Services 也称为 Web 服务，是基于网络的、分布式的模块化组件，是跨平台和跨语言的，是实现 SOA（面向服务的体系结构）的有效技术手段。其组件要么是已有的 Internet 标准，要么是被广泛接受并逐步成为标准的规范。Web Services 主要基于下列工业标准协议：可扩展标记语言（Extensible Markup Language，XML），统一描述、发现与集成服务（Universal Description, Discovery and Integration，UDDI），简单对象访问协议（Simple Object Access Protocol，SOAP），Web 服务描述语言（Web Services Description Language，WSDL）。

3.2.4　XML 集成技术

XML（eXtensible Markup Language，可扩展的标记语言）是标准通用标记语言 SGML 的一个子集，是一套定义语义标记的规则，这些标记将文档分成许多部件并对这些部件加以标识。它也是一种元标记语言（Meta-Markup Language，定义了用于定义其他与特定领域有关的、语义的、结构化的标记语言的句法语言），具有自解释功能，可以用来创建特定领域的语言，而且其中的数据和标记都以文本方式存储，易于掌握，易于理解。XML 主要有三个要素：Schema（模式）、XSL（eXtensible Stylesheet Language，可扩展样式语言）和 XLL（eXtensible Link Language，可扩展链接语言）。Schema 规定了 XML 文档的逻辑结构，定义了 XML 文档的元素、元素的属性以及元素和元素的属性之间的关系，它能够帮助 XML 的解析器校验 XML 文档标记是否合法；XSL 是用来规定 XML 文档表现形式的语言，同 CSS（串联样式表）类似；XLL 则进一步扩展了当前 Web 上已有的简单链接。

由于 XML 将数据和数据的形式分离，因而它很容易组织、编辑、编程和在任何网站、应用软件和设备之间进行交换。开发者可以用这种开放式的工业标准来描写要在网上交换的数据。采用 XML 进行数据交换及规范接口等，极大地提高了系统的开放性。XML 给基于 Web 的应用软件赋予了强大的功能和灵活性。

3.2.5　WPF 技术

WPF（Windows Presentation Foundation，Windows 呈现基础）实现了改进的客户关系和不同的应用程序，通过能够快速提供更好的视觉效果、独特的用户体验的技术，来建立与客户的密切关系。而且，由于 WPF 是窗体、文档、视频、三维以及其他功能的综合，因此企业可以创建持久的用户体验解决方案，并集成到客户的日常活动中。对于开发人员和设计人员，WPF 提供了统一的 UI 平台，因此他们只需学习一个模式，就可以获得无限可能的 UI 体验。对于.NET 开发人员来说，其框架是他们熟悉的，并且它最终将减少提供最佳用户体验和通信逻辑所需的代码行数。对于设计人员来说，WPF 提供的平台可消除内容、媒体和应用程序之间的边界。最重要的是，WPF 可以使开发人员和设计人员同步紧密地合作来快速提供不同的连通体验。

3.2.6　数据库技术与应用

数据库技术是信息系统的一个核心技术，是一种计算机辅助管理数据的方法，它研究如何组织和存储数据，如何高效地获取和处理数据。数据库技术是通过研究数据库的结构、存储、设计、管理以及应用的基本理论和实现方法，利用这些理论来实现对数据库中的数据进行处理、分析和理解的技术。

数据库技术是现代信息科学与技术的重要组成部分，是计算机数据处理与信息管理系统的核心。数据库技术研究和解决了计算机信息处理过程中大量数据有效地组织和存储、减少数据存储冗余、实现数据共享、保障数据安全以及高效地检索数据和处理数据的问题。

数据库技术研究和管理的对象是数据，所以数据库技术所涉及的具体内容主要包括：通过对数据的统一组织和管理，按照指定的结构建立相应的数据库和数据仓库；利用数据库管理系统和数据挖掘系统设计出能够实现对数据库中的数据进行添加、修改、删除、处理、分析、理解、报表和打印等多种功能的数据管理和数据挖掘应用系统；利用应用管理系统最终实现对数据的处理、分析和理解。

3.2.7　XMPP 协议

XMPP 协议（可扩展消息处理现场协议）是基于可扩展标记语言（XML）的协议，它用于即时消息（IM）以及在线现场探测。它能促进服务器之间的准即时操作。这个协议可允许因特网用户向因特网上的其他任何人发送即时消息，即使其操作系统和浏览器不同。

利用 XMPP 协议的好处是：

（1）XMPP 协议具有良好的扩展性。在 XMPP 协议中，即时消息和到场信息都是基于 XML 的结构化信息，这些信息以 XML 节（XML Stanza）的形式在通信实体间交换。XMPP 协议发挥了 XML 结构化数据的通用传输层的作用，它将敏感信息嵌入到 XML 结构化数据中，从而使数据以极高的效率传送给最合适的对象。基于 XML 建立起来的应用具有良好的语义完整性和扩展性。

（2）XMPP 协议具有分布式的网络架构。XMPP 协议都基于 C/S 架构，但是 XMPP 协议本身并没有这样的限制。网络的架构和电子邮件十分相似，但没有结合任何特定的网络架构，适用范围非常广泛。

（3）XMPP 协议具有很好的弹性。XMPP 协议除了可用在即时通信的应用程序中，还能用在网络管理、内容供稿、协同工具、档案共享、游戏、远端系统监控等中。

（4）XMPP 协议具有安全性。XMPP 协议在 Client-to-Server（客户-服务器）通信和 Server-to-Server（服务器-服务器）通信中都使用 TLS 协议（Transport Layer Security，传输层安全协议）作为通信通道的加密方法，保证通信的安全。任何 XMPP 服务器可以独立于公众 XMPP 网络（例如在企业内部网络中），而使用 SASL 及 TLS 等技术更加增强了通信的安全性。

通过以上的分析可知，利用 XMPP 协议实现隧道及地下工程监测预警信息的推送，可以达到即时安全且和服务平台无关的效果，是预警信息手机推送端最好的选择。

3.2.8　蓝牙技术

蓝牙是一种短距离无线通信技术，用于代替数字设备和计算机外设间的电缆连接以及实现数字设备间的无线连接。目前，几乎所有的手机都具有蓝牙通信的功能，而用于沉降观测的水准仪也大都具有蓝牙通信功能，没有蓝牙的可以通过外接配置的方法实现。通过蓝牙采集数据，既快捷又经济。手机与水准仪进行蓝牙传输的主要功能包括：

（1）建立无线信道：手机在 10 m 范围之内发出连接指令时，便会自动搜索附近的水准仪，并根据需要向指定的某一水准仪主动发起连接，建立控制信道和数据链接。

（2）无线实时数据传输：维修人员只需通过手机上的功能键向水准仪发送一个命令，水准仪便可根据所收到的命令通过无线串口向手机发送当前水准仪的观测数据。

（3）数据的显示及数据库保存：当接收到数据后便可迅速显示在屏幕上供观测人员分析，并可将数据存入服务端的数据库中以备后续的分析和使用。

3.2.9　可复用软件构建技术

构建（Component）是可复用的软件组成成分，可被用来构造其他软件。构建将抽象的程度提到一个更高的层次，它是对一组类的组合进行封装，并代表完成一个或多个功能的特定服务，也为用户提供了多个接口。整个构建隐藏了具体的实现，只用接口提供服务。这样，在不同层次上，构建均可以将底层的多个逻辑组合成高层次上的粒度更大的新构件，甚至直接封装到一个系统中，使模块的重用从代码级、对象级、构架级到系统级都可能实现。

3.2.10　规范统一的报表生成技术

各个标段是由不同的工程局来完成施工的，数据上报的格式也没有统一的要求说明，导致监测数据的上报格式五花八门、多种多样，大大增加了管理维度。

同一项目就应该有统一规范的上报格式，软件可根据不同的项目要求，自动生成数据上报格式，这样能做到同一项目的上报监测材料格式相同，不同的项目格式可以不同，增加了灵活性、可变性，并非是一成不变或是杂乱无章的数据格式。

3.2.11　基于职责和角色的授权管理

为了确保系统的安全，需要对操作人员进行相应的授权管理。随着项目的不断进展，项目内部人员在不断地流动，岗位职责也在发生不断的变化，这就需要建立以职责为基础的授权机制。不论人员如何变动，职责是相对稳定的，只要将操作人员赋予某个职责（角色），就会获得相应的授权，如图 3-1 所示。

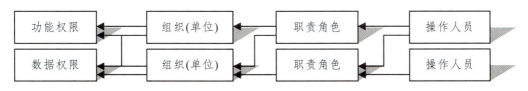

图 3-1　基于职责和角色的授权管理

基于职责的授权基本原理为：一种职责可以赋予多个单位（监测实体）的功能权限和数据权限；一个操作人员可以赋予多个职责；功能权限可以细化到每一级功能菜单，没有权限访问的菜单会自动隐藏；数据权限可细化到工程名称、合同段、隧道等每个编号和参数选项单元的增加、删除、改正、查询、打印、导入导出、浏览等权限控制。

3.3 协同技术及其应用

随着计算和网络通信技术的不断发展，协同技术的概念及范围也在不断延扩，技术手段和内容也在不断丰富。协同技术从广义上讲，包含人员和人员之间在计算机网络设备支持下的工作协同（这是协同的传统定义，如 CSCW）、系统和系统间的协同（自动化业务流程）、人与系统间的协同（人员工作流和系统工作流的统一）三种形式。人员和人员之间在计算机网络设备支持下的工作协同又可分为通信协同和流程协同。通信协同指的是传统上人们之间通过网络化、电子化的通信手段而进行的信息交流和共享，如电子邮件、即时消息、IP 语音和视频实时交流、短信彩信的信息传播、日程计划、网上讨论区、项目管理和任务跟踪等。上述相关通信手段及其软件技术实现，是主流上被大家所公认的协同技术和协同平台的主要表现形式。

自从计算机支持的协同工作的概念产生，通信协同就是协同技术中一个非常重要而且迅猛发展的领域。现在，从通信协同的角度，除了我们在设备和多媒体技术上的快速发展外，更朝着通信交互过程中的知识共享、传播的方向发展，发展了很多更便于人们沟通和交流的新技术模式。

基于工作流的协同技术已经成为协同技术中最受关切的技术领域。不光是人与人的协同，系统间的协同、人与系统的协同，它们的核心实现技术也是工作流，只不过在技术实现过程中还有不同的侧重点罢了。

即使是通信协同手段，现在也更多地要考虑它们在流程协作场景中的应用能力，是否具有流程协作参与能力已经成为通信系统软件工具的一个越来越重要的参考指标。

工作流（Work Flow）技术是企业业务流程重组、组织结构重组、软件主动管理的基础。所谓工作流就是两个或两个以上的人，为了共同的目标，连续地以串行或并行的方式去完成业务活动或任务。所谓工作流技术，就是通过信息化手段，实现对工作流的支持，并通过工作流引擎驱动业务流，实现基于软件的主动管理。在传统企业资源计划系统（ERP）的"模块化"设计中，系统的设计通常是基于任务分割的，作业项目之间是分裂的。在群体协同的工作环境下，以同步技术为基础的工作流管理系统能够改进和优化业务流程，提高工作效率；对工程业务过程实现更好的监察和控制，提高监测人员上报数据的质量；提高业务流程的柔性。

3.4 TGMIS 平台模块组成

中铁西南院隧道施工监测信息管理系统集现场数据采集及分析处理、远程监控于一体，包含现场数据采集端、远程服务器端和客户端程序，可同时满足量测和监管人员的不同工作需求[18]。该系统可实现的目标如下：

（1）工点监测管理全覆盖。

（2）让现场测试、数据处理快速完成。

（3）系统简单、实用，提高监测及其管理的效率。

（4）确保监测工作标准化、信息反馈及时。

（5）方便监测数据海量存储、实时查询和溯源监管。

（6）实行预警分级管理。

隧道施工监测信息管理系统作为隧道施工监控量测信息化技术的主要研究对象之一，是基于 MIS（管理信息系统，Management Information System）系统实现在监控量测上应用的。MIS 系统是一个由人、计算机及其他外围设备等组成的能进行信息的收集、传递、存储、加工、维护和使用的系统，是一门新兴的科学。其主要任务是最大限度地利用现代计算机及网络通信技术加强企业的信息管理，通过对企业拥有的人力、物力、财力、设备、技术等资源的调查了解，获取正确的数据，加工处理并编制成各种信息资料及时提供给管理人员，以便进行正确的决策，不断提高企业的管理水平和经济效益。目前，企业的计算机网络已成为企业进行技术改造及提高企业管理水平的重要手段。随着我国与世界信息高速公路的接轨，企业通过计算机网络获得信息必将为企业带来巨大的经济效益和社会效益，企业的办公及管理都将朝着高效、快速、无纸化的方向发展。

中铁西南院 TGMIS 的组成包括：现场数据采集子系统（scene data Acquisition Subsystem）、服务器数据管理子系统（Server data management Subsystem）、移动智能终端数据查询子系统（Mobile intelligent terminal Subsystem）、PC 机数据管理子系统（Data Management Subsystem of PC），如图 3-2 所示。

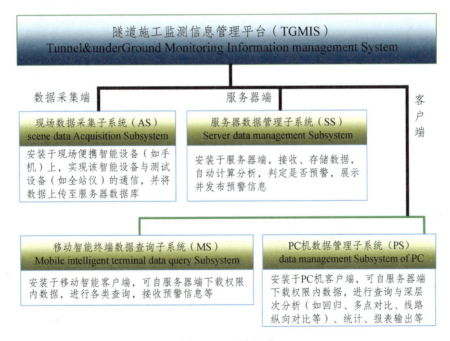

图 3-2　系统组成

系统运行的总体框架包括：网络支持、运行环境、TGMIS 程序，如图 3-3 所示。

网络支持：公共无线通信网络，覆盖至各工作面。

运行环境：主流服务器；PC 机客户端为主流计算机；手机客户端为主流智能手机（安卓系统）。

TGMIS 程序：隧道施工监测信息管理系统，结合现场实际需求，针对性进行开发定制。

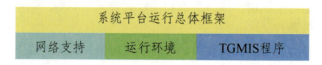

图 3-3　系统运行总体框架

此系统不仅适用于像浩吉铁路这样的重载铁路，还适用于普通铁路、高铁、地铁、高速公路等有隧道及地下工程的项目，应用范围广，有可扩展性强的特点。

3.4.1　模块功能

平台模块功能见表 3-1、图 3-4。

表 3-1　系统主要功能划分

系统组成	功能描述	特　点	主要使用对象
PC 机客户端软件	PC 机端： ① 设置工点断面及测点等基础信息； ② 进行工点监测数据管理、计算分析，绘制单点或多点时态图； ③ 回归分析和预测最终值； ④ 生成并输出 Word 格式的周报、月报、期报； ⑤ 打印规范格式的数据分析报表	① 规范隧道及地下工程的监控量测数据传输，便于查询、备份海量数据； ② 实现标准化，统一各种格式的报表	根据管理要求，一般由施工、监理等相关单位使用
	手机端： 即便在开会、出差或车上，只要能打通电话的地方，随时随地都能查看监控量测数据和预警信息或发布相关指示	实时移动监控	根据管理要求，一般由各参建单位领导使用
移动智能终端采集软件	PDA、便携设备等移动设备通过无线与全站仪等直接连接，采集工点数据并上传		各测试单位使用

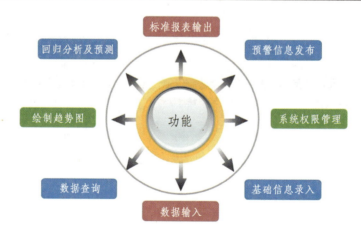

图 3-4　系统功能图

3.4.2　基础信息录入

基础信息在 PC 机客户端输入，包括工程树设置、断面设置、测点设置、测点布设图、工程进度等，以确保工程项目在各个层面上的信息完整，且分级输入、分级设置，每一级都互相关联。基础信息的录入有助于存储必要的工程资料，并且是自动生成报表的必不可少的步骤，报表中将自动生成这里所录入的基础信息。基础信息以填写、下拉菜单选择、自动继承上级菜单信息的方式录入。

1. 工程树设置

工程树包括线路、标段、隧道、隧洞，按线路-标段-隧道-隧洞层次建立，设置起始里程、所属施工单位名称等主要信息，实现工程树各层节点的新增、修改和删除，如图 3-5 所示。

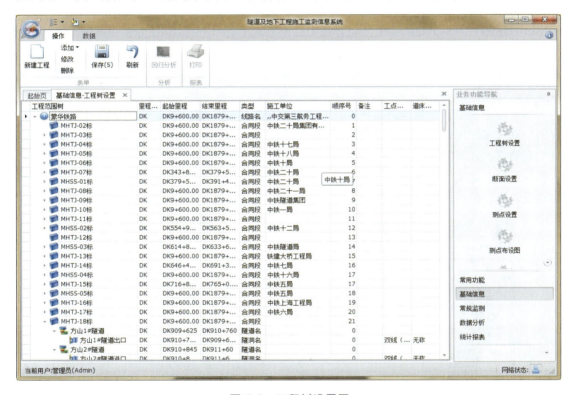

图 3-5　工程树设置图

工程树设置的主要元素和格式要求包括：里程标识 ——输入里程的标记符号，不能为空，不超过 4 个字符；起始里程 ——输入该项目的起点里程桩号，不能为空，里程标识+公里数（正整数）+米（小于 1 000 的非负数，保留 5 位小数）；结束里程 ——输入该项目的终点里程桩号，不能为空，里程标识+公里数（正整数）+米（小于 1 000 的非负数，保留 5 位小数）；施工单位 ——该项目施工单位的名称，不能为空，不超过 128 个字符。

2. 断面设置

断面设置信息包括断面名称、埋设里程、监测类型等主要信息，如图 3-6 所示。

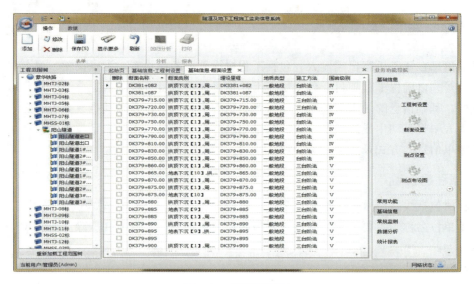

图 3-6　断面设置图

3. 测点设置

根据隧道及地下工程监测的特点，为了避免操作的复杂性，部分信息要继承前面断面设置的信息，实现批量设置断面的功能，即输入起始里程后选择断面个数（基本每个管段连接处均有测点）和间隔距离，再把此断面同一类型的测点信息填全，即可点击"确定"按钮完成断面设置。这里的断面类别就是所埋设同一类型测点的集合，设置完成后将自动被继承到测点设置内。测点设置如图 3-7 所示。

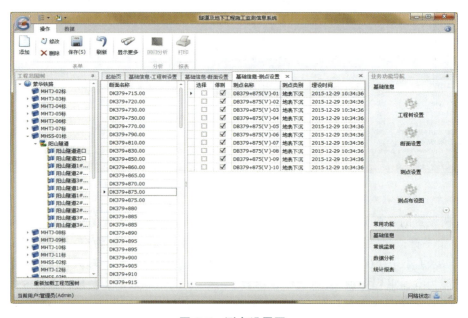

图 3-7　测点设置图

点击"添加"，自动弹出与断面设置相似的对话框。需要填写项目和要求包括测点编号、测点类别、埋设位置等，如表 3-2 所示。

表 3-2　测点设置说明

填写项目	要求说明
测点编号	该格式是自动生成的，可修改、删除
测点个数	输入测点个数，直接输入阿拉伯数字
起始	输入起始测点编号，如"1"，一般情况下都以"1"作为起始编号
测点类别	选择该测点的类别，该项是自动生成的，也可以进行修改
埋设位置	输入该测点的埋设位置，该项是自动生成的，也可以进行修改
埋设时间	该点的具体埋设时间，是自动生成的，格式为"yyyy-mm-dd"或"yyyy-mm-dd hh:mm:ss"，并可以进行修改
仪器设备	该点所使用的仪器设备，是自动生成的，并可以进行修改
设备编号	该点所使用的仪器设备编号，是自动生成的，并可以进行修改
依据标准	所依靠的标准，是自动生成的，并可以进行修改
环境条件	该项是自动生成的，并可以进行修改
施工工况	该项是自动生成的，并可以进行修改
是否自动监测	该项是自动生成的，并可以进行选择
监测方向数	该项是自动生成的，并可以进行选择
多方向合成	该项是自动生成的，并可以进行选择
极限位移参考值	该项是自动生成的默认值，并可以进行修改，这个值在后面的回归分析打印报表中将显示是否超出预警值的范围，是否需要报警，填写方法要根据监测规范、工程实际情况、围岩级别，由用户自己修改
变形速率	该项是自动生成的，并可以进行修改
监测人	该项是自动生成的，并可以进行修改
沉降标识	在工程中，由相关规定进行选择，是否以"+"表示隆起或下沉

3.4.3　数据采集与上传

数据采集是利用移动智能终端与监测仪器通过蓝牙设备无线连接或通过传感器与采集箱连接，完成数据的采集、存储，如图 3-8 ~ 图 3-10 所示。采集的数据信息包括隧道及地下工程变形监测项目（如地表下沉、拱顶下沉和周边收敛等）和受力监测项目（如钢筋应力、支撑轴力、土压力等），系统提供统一接口，量测结束后，及时上传至远端服务器。

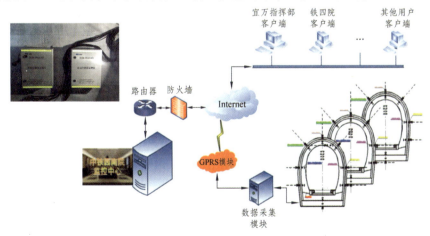

图 3-8　应力应变监测自动采集系统

图 3-9　移动智能终端量测及数据存储　　　图 3-10　移动智能终端数据上传

3.4.4　数据分析与预测

数据分析是把现场采集上传的数据，在室内经 PC 机客户端从服务器下载后进行的详细处理和分析，主要有单点分析、多点分析等。

软件会自动算出差值、累计值等，并进行初次统计分析，分析的主要内容是单点趋势图、多点趋势图、回归分析与沿隧道及地下工程纵向多点分析。回归分析为利用数学模型，根据现有数据回归出平滑曲线图，回归分析后可预测最近几天的数据变化趋势。多点分析为同一类监测类型不同断面的数据曲线走势，此分析手段优化了单点分析的片面和局限性。

回归分析图形如图 3-11 所示。

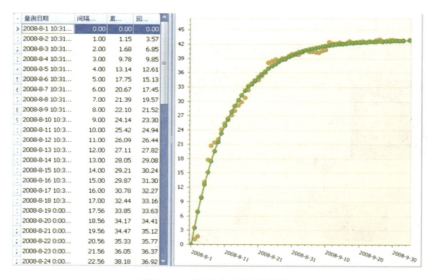

图 3-11　数据分析及预测图

由于数据回归是数学模型，仅为一种数学处理手段，其结果也只能作为参考，不能生搬硬套去指导施工。

3.4.5　数据查询、浏览及预警信息发布

可随时随地打开服务器端程序，输入系统地址就能浏览隧道及地下工程的所有布点情况、测点的数据情况，包括测点的埋设日期、埋设里程、埋设位置、数据的极值、趋势、分析图线、预警情况等信息，一个网页可以基本上囊括监控量测的所有信息，如图 3-12～图 3-14 所示。

图 3-12　全部数据信息展示

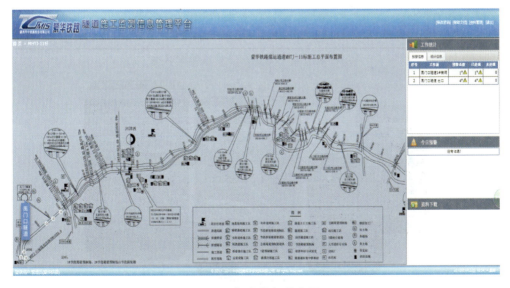

图 3-13　标段数据信息展示

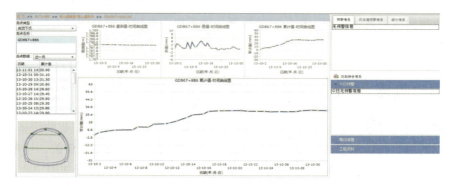

图 3-14　测点数据信息展示

　　当监测值达到警报值后，在平台上立即出现预警提示，提醒相关人员进行及时处理，也可通过移动智能终端实时查询预警信息。系统也预留了短信模块，实时通过短信发送至相关人员。系统对预警信息的发送方式有 3 种（同时），具体如图 3-15～图 3-18 所示。

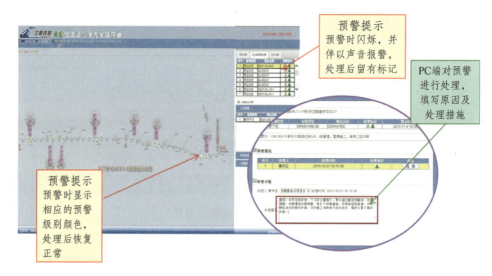

图 3-15　PC 机登录网络平台预警提示

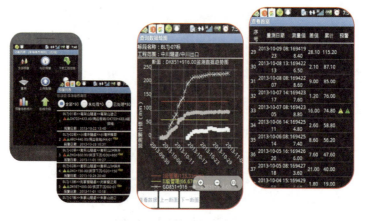

图 3-16　移动智能便携设备客户端预警提示
（如手机、平板、E 人 E 本）

施工监测预（报）信息：
BLTJ-04标/渭河隧道/渭河0#斜井/DK770+805.00/
GD770+805.01号测点，11月17日18时差值：9.00，
累计：62.00，达黄色预警回复TD退订【宝兰客专】

09:38

图 3-17　手机短信自动提示

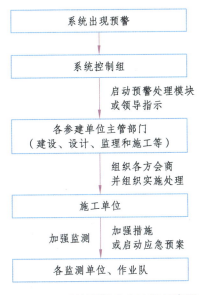

图 3-18　系统预警响应流程示意图

3.4.6　统计报表

统计报表主要完成监测统计输出，由 PC 机客户端实现。

测点的基础信息、常规监测类型下的所有基础数据、分析后的数据曲线都要统计成报表。报表可以用不同的格式输出、存储，并且可以打印成书面报告。强大的统计报表功能大大增强了数据的存储、维护性。还可根据工程项目的不同、业主要求改进报表显示，灵活、实用性强是统计报表的特点。

点击统计报表标签下的"统计报表"按钮还可打印周报、月报、期报，如图 3-19 所示。

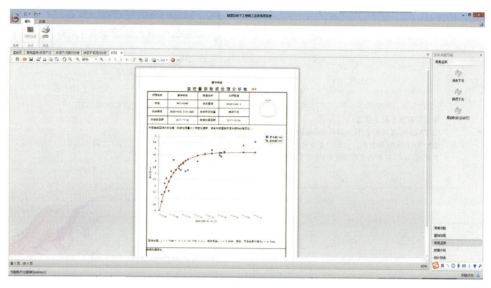

图 3-19　报表生成操作图

报表可选择开始、结束时间，周报间隔时间为 7 d，月报间隔时间为 30 d，期报时间不限。

在工程范围树内选择报表范围，生成以隧道、标段或整个项目为单位的数据报表，完成后点击顶部的"生成"即可完成，如图 3-20 所示。

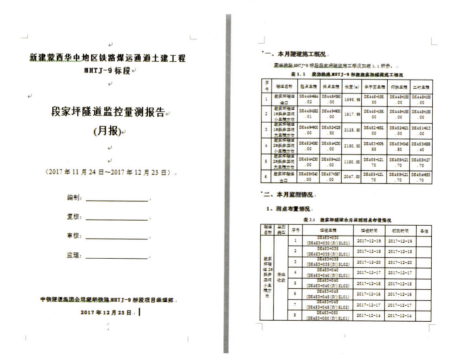

图 3-20　报表生成完成图

考虑到报表数据量大，又要保证生成报表的速度、准确性，所以采用调用模板，在数据库中直接读取数据显示的方法，调用方法如图 3-21 所示。

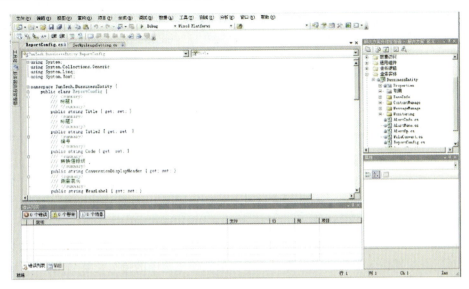

图 3-21　填充模板函数图

3.4.7　平台开发环境

根据铁路隧道施工围岩监测信息化平台的业务需求和设计方案，平台需要解决高并发、大量异构系统间的高度集成等问题，平台开发采用 J2EE 技术平台最流行的框架 Struts + Spring + Hibernate，按照 MVC 模式，基于组件技术对平台进行开发，如表 3-3 ~ 表 3-5 所示。

表 3-3　客户端 PC 机运行的基础环境及推荐参数

项　目	参　数
PC 机配置	CPU（Intel 1.8 GHz 以上） 内存 2 GB 以上，硬盘 160 GB 以上
操作系统	Windows XP 以上 32 位版本
浏览器	IE8 以上版本
网络环境	独立网络带宽 2 Mb 以上
数据库	Oracle11g
Web 中间件	Tomcat 服务器

表 3-4　移动智能设备运行的基础环境及推荐参数

项　目	参　数
操作系统	Andriod2.3 以上
屏幕尺寸	4.0 in 以上

表 3-5　服务器运行的基础环境及推荐参数

项　目	参　数
操作系统选择	Windows 操作系统一般选用 Windows2008 Enterprise Edition(64 位)以上版本
硬件配置	CPU 性能不低于 2.4 GHz，同时支持多个 CPU，内存 16 GB 以上，硬盘 1.5 TB 以上
网络带宽	10 Mb 以上

平台采用的开发框架为 SSH。其中：

Struts 框架是一个非常优秀的 MVC 框架，通过 Struts 框架开发的 Web 项目可以简化系统的 MVC 层实现。铁路隧道施工围岩监测信息化平台用于 Struts2 处理页面和业务逻辑间的交互，对数据进行必要的验证和转换。

Hibernate 是一个开源的用于连接 Java 应用程序和关系数据库的中间件。它封装 JDBC API，并对所有数据访问细节进行封装，位于分层软件架构中的持久化层，负责对 Java 对象进行持久化，使业务逻辑层不需要了解和数据库进行连接的底层内容，专注于业务逻辑的实现；同时，它还提供 ORM 映射服务，把关系数据库中数据结构转化为对象模型，实现真正的面向对象编程。平台数据库中的断面、测点等实体可以用 Hibernate 中 ORM 映射服务映射成断面、测点对象，极大地方便了和数据库的交互。

Spring 是一个控制反转和面向切面轻量级的容器框架，使用 Spring 容器作为平台的 IoC 容器，并将平台中的所有组件统一交给 Spring 进行管理，采用依赖注入方式管理各组件间的关系，实现组件间解耦，从而提高平台的可维护性和扩展性。SSH 架构图如图 3-22 所示。

图 3-22　SSH 框架图

3.4.8　参考依据

（1）《铁路隧道设计规范》（TB 10003—2005）。
（2）《地铁设计规范》（GB 50157—2013）。
（3）《铁路隧道钻爆法施工工序及作业指南》（TZ 231—2007）。
（4）《铁路隧道监控量测技术规程》（Q/CR 9218—2015）。
（5）《铁路隧道监控量测标准化实施细则》（工管办函〔2014〕92 号）。
（6）《铁路隧道喷锚构筑法技术规范》（TB 10108—2002）。

（7）《关于进一步明确软弱围岩及不良地质铁路隧道设计施工有关技术规定的通知》（铁建设〔2010〕120 号）。

（8）《城市轨道交通工程监测技术规范》（GB 50911—2013）。

（9）《盾构法隧道施工与验收规范》（GB 50446—2008）。

（10）《工程测量规范》（GB 50026—2007）。

（11）《铁路工程测量规范》（TB 10101—2009）。

（12）《高速铁路工程测量规范》（TB 10601—2009）。

（13）《铁路工程围岩监测数据接口规范（初稿）》（2014 年 1 月工管中心）。

（14）《软件工程　软件产品质量要求与评价（SQuaRE）商业现货（COTS）软件产品的质量要求和测试细则》（GB/T 25000.51—2010）。

3.5　TGMIS 平台应用情况

在 TGMIS 应用于浩吉铁路之前，该系统已经在多条铁路上进行了应用，在浩吉铁路应用期间总结了之前的应用情况，对数据计算、预警阈值、界面等都进行了全面优化。下面是在浩吉铁路应用之前，该系统主要在铁路、轨道交通等工程上的应用情况：

1. 兰新铁路甘青公司宝兰客专线

全线共 14 个施工标段、151 个隧道工作面、548 个用户。截至 2014 年 10 月 10 日，累计布置监测断面 12 471 个、测点 87 318 个，发布黄色预警 1 854 次、红色预警 288 次。TGMIS 应用于宝兰客专的情况如图 3-23 所示。

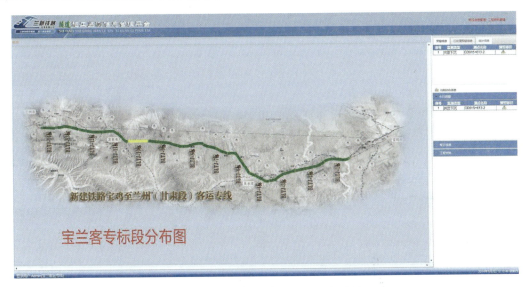

图 3-23　TGMIS 应用于宝兰客专的情况

2. 西成·西兰铁路（陕西）公司西成客专

全线共 10 个施工标段、118 个隧道工作面、427 个用户。截至 2014 年 10 月 10 日，累计布置监测断面 5 342 个、测点 45 768 个，发布黄色预警 583 次，红色预警 289 次。TGMIS 应用于西成客专的情况如图 3-24 所示。

图 3-24　TGMIS 应用于西成客专的情况

3. 成贵铁路公司成贵铁路

全线共 17 个施工标段、282 个隧道工作面、738 个用户。截至 2014 年 10 月 10 日，累计布置监测断面 3 309 个、测点 7 695 个，发布黄色预警 139 次、红色预警 19 次。TGMIS 应用于成贵铁路的情况如图 3-25 所示。

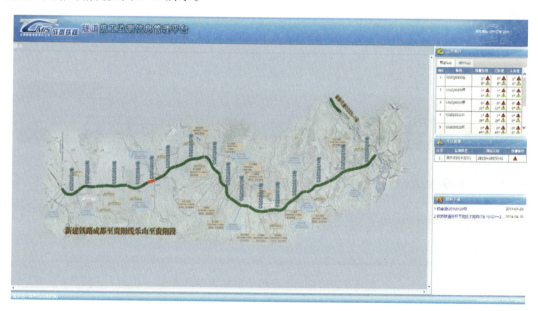

图 3-25　TGMIS 应用于成贵铁路的情况

4. 西安铁路局改建宁西二线铁路

全线共 4 个施工标段、48 个隧道工作面、48 个用户。截至 2014 年 10 月 10 日，累计布置监测断面 994 个、测点 2 884 个，发布黄色预警 139 次、红色预警 57 次。TGMIS 应用于宁西线的情况如图 3-26 所示。

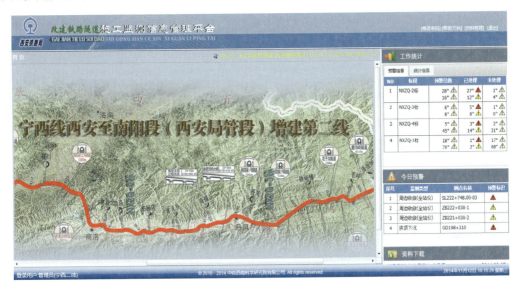

图 3-26　TGMIS 应用于宁西线的情况

5. 中铁二十二局黄韩侯铁路

全线共 1 个施工标段、9 个隧道工作面、20 个用户。截至 2014 年 10 月 10 日，累计布置监测断面 342 个、测点 849 个，发布黄色预警 85 次、红色预警 46 次。TGMIS 应用于黄韩侯铁路的情况如图 3-27 所示。

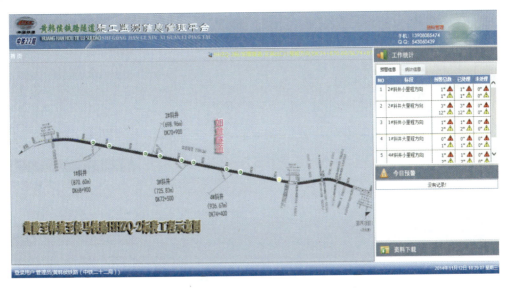

图 3-27　TGMIS 应用于黄韩侯铁路的情况

6. 赣龙复线铁路有限公司赣龙铁路

全线共 1 个施工标段、14 个隧道工作面、5 个用户。截至 2014 年 10 月 10 日，累计布置监测断面 204 个、测点 563 个，发布黄色预警 6 次、红色预警 3 次。TGMIS 应用于赣龙铁路的情况如图 3-28 所示。

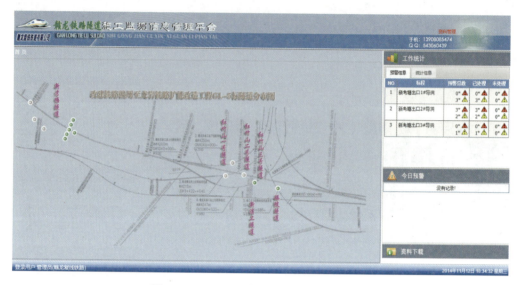

图 3-28 TGMIS 应用于赣龙铁路的情况

7. 青藏铁路公司敦格铁路

全线共 1 个施工标段、11 个隧道工作面、5 个用户。截至 2014 年 10 月 10 日，累计布置监测断面 206 个、测点 468 个，发布黄色预警 7 次、红色预警 2 次。TGMIS 应用于敦格铁路的情况如图 3-29 所示。

图 3-29 TGMIS 应用于敦格铁路的情况

8. 呼准鄂铁路有限责任公司呼准鄂铁路

全线共 2 个施工标段、15 个隧道工作面、74 个用户。截至 2014 年 10 月 10 日，累计布置监测断面 714 个、测点 2 206 个，发布黄色预警 4 次、红色预警 15 次。TGMIS 应用于呼准鄂铁路的情况如图 3-30 所示。

图 3-30   TGMIS 应用于呼准鄂铁路的情况

9. 南涪铁路有限责任公司三南铁路

全线共 2 个施工标段、48 个隧道工作面、61 个用户。截至 2014 年 10 月 10 日，累计布置监测断面 1 016 个、测点 2 856 个，发布黄色预警 89 次、红色预警 93 次。TGMIS 应用于三南铁路的情况如图 3-31 所示。

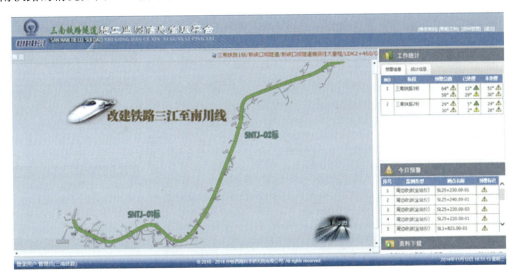

图 3-31   TGMIS 应用于三南铁路的情况

10. 兰渝铁路有限责任公司兰渝铁路

全线共 5 个施工标段、67 个隧道工作面、97 个用户。截至 2014 年 10 月 10 日，累计布置监测断面 646 个、测点 1 947 个，发布黄色预警 334 次、红色预警 266 次。TGMIS 应用于兰渝铁路的情况如图 3-32 所示。

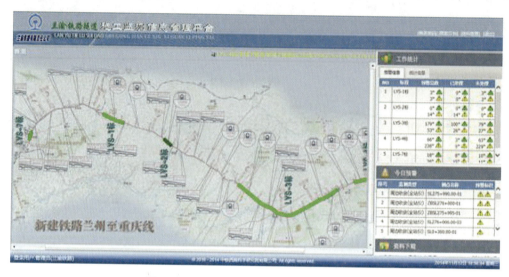

图 3-32　TGMIS 应用于兰渝铁路的情况

11. 海南西环铁路

全线共 3 个施工标段、24 个隧道工作面、35 个用户。截至 2014 年 10 月 10 日，累计布置监测断面 993 个、测点 2 894 个，发布黄色预警 30 次、红色预警 5 次。TGMIS 应用于海南西环铁路的情况如图 3-33 所示。

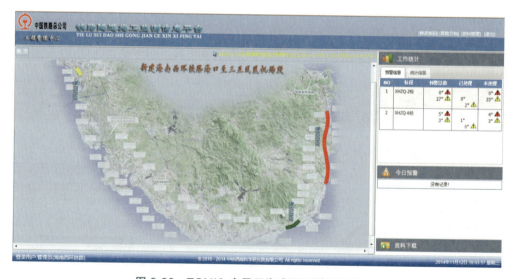

图 3-33　TGMIS 应用于海南西环铁路的情况

12. 成昆铁路永广段

全线共 6 个施工标段、58 个隧道工作面、128 个用户。截至 2014 年 10 月 10 日，累计布置监测断面 1 391 个、测点 3 598 个，发布黄色预警 6 次、红色预警 16 次。应用于成昆铁路永广段的情况如图 3-34 所示。

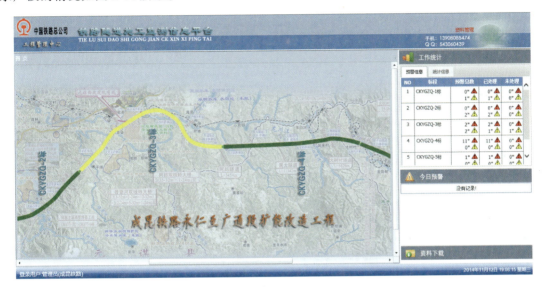

图 3-34　TGMIS 应用于成昆铁路永广段的情况

13. 丹大铁路

全线共 1 个施工标段、19 个隧道工作面、33 个用户。截至 2014 年 10 月 10 日，累计布置监测断面 280 个、测点 867 个，发布黄色预警 26 次、红色预警 1 次。TGMIS 应用于丹大铁路的情况如图 3-35 所示。

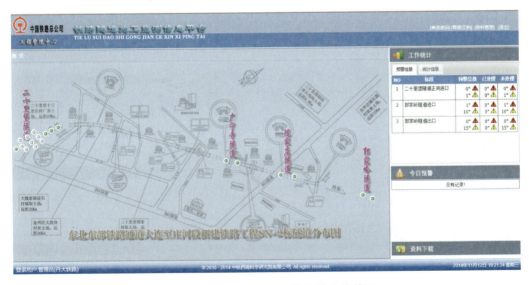

图 3-35　TGMIS 应用于丹大铁路的情况

14. 昆明枢纽铁路

全线共 1 个施工标段、6 个隧道工作面、64 个用户。截至 2014 年 10 月 10 日，累计布置监测断面 149 个、测点 446 个，发布黄色预警 14 次、红色预警 5 次。TGMIS 应用于昆明枢纽铁路的情况如图 3-36 所示。

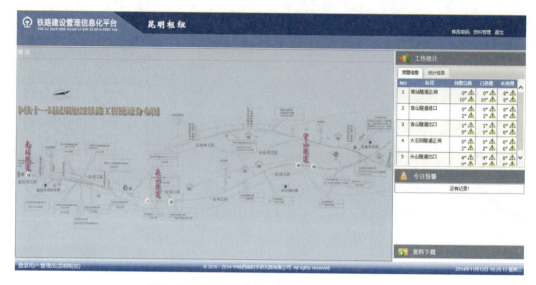

图 3-36　TGMIS 应用于昆明枢纽铁路的情况

15. 成昆铁路公司、成都市域铁路公司、成康铁路公司米攀段

全线共 7 个施工标段、83 个隧道工作面、97 个用户。截至 2014 年 10 月 10 日，累计布置监测断面 757 个、测点 2 264 个，发布黄色预警 26 次、红色预警 34 次。TGMIS 应用于成康铁路米攀段的情况如图 3-37 所示。

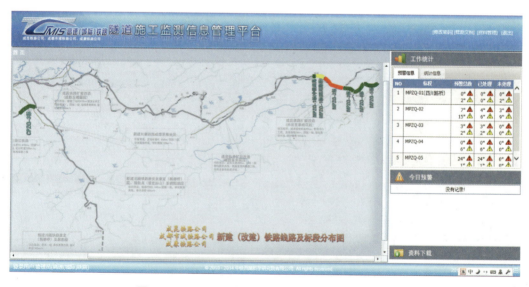

图 3-37　TGMIS 应用于成康铁路米攀段的情况

16. 广清城际轨道交通站前工程

全线共 1 个施工标段、8 个隧道工作面、66 个用户。截至 2014 年 10 月 10 日，累计布置监测断面 89 个、测点 248 个，发布黄色预警 3 次、红色预警 5 次。TGMIS 应用于广清城际轨道交通站前工程的情况如图 3-38 所示。

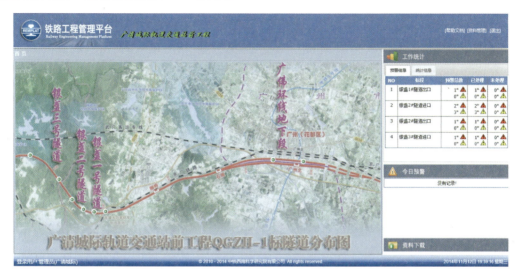

图 3-38   TGMIS 应用于广清城际轨道交通站前工程的情况

17. 中国中铁四局集团公司唐家会煤矿铁路

全线共 1 个施工标段、3 个隧道工作面、6 个用户。截至 2014 年 10 月 10 日，累计布置监测断面 26 个、测点 78 个，发布黄色预警 0 次、红色预警 0 次。TGMIS 应用于唐家会煤矿铁路的情况如图 3-39 所示。

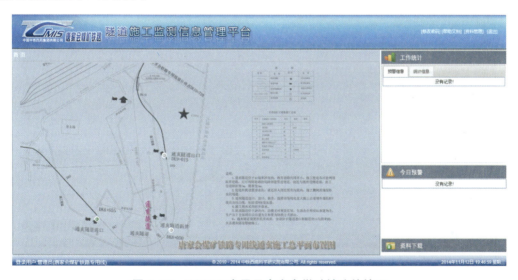

图 3-39   TGMIS 应用于唐家会煤矿铁路的情况

18. 渝黔渝万铁路

全线共 1 个施工标段、3 个隧道工作面、8 个用户。截至 2014 年 10 月 10 日，累计布置监测断面 54 个、测点 148 个，发布黄色预警 2 次、红色预警 1 次。TGMIS 应用于渝黔渝万铁路的情况如图 3-40 所示。

图 3-40　TGMIS 应用于渝黔渝万铁路的情况

19. 九景衢铁路

全线共 6 个施工标段、148 个隧道工作面、94 个用户。截至 2014 年 10 月 10 日，累计布置监测断面 997 个、测点 2 896 个，发布黄色预警 8 次、红色预警 2 次。TGMIS 应用于九景衢铁路的情况如图 3-41 所示。

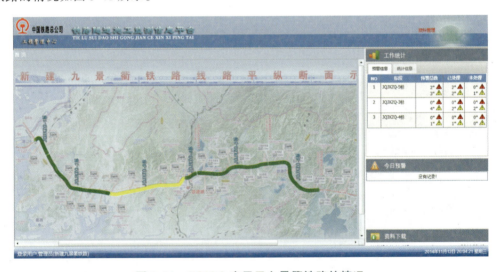

图 3-41　TGMIS 应用于九景衢铁路的情况

20. 福建福平铁路有限责任公司南龙福平铁路

全线共 3 个施工标段、68 个隧道工作面、111 个用户。截至 2014 年 10 月 10 日，累计布置监测断面 834 个、测点 2 678 个，发布黄色预警 89 次、红色预警 38 次。TGMIS 应用于南龙福平铁路的情况如图 3-42 所示。

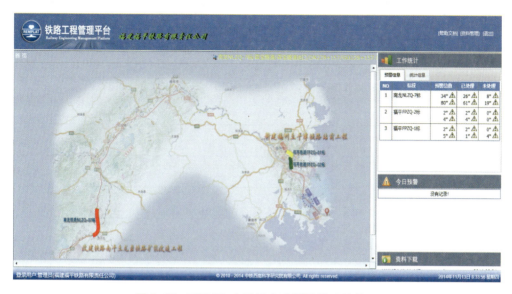

图 3-42　TGMIS 应用于南龙福平铁路的情况

21. 重庆轨道交通 5 号线和 10 号线

全线共有 21 个标段、168 个隧道工作面、302 个用户，累计布置监测断面 3 241 个、测点 10 308 个，发布黄色预警 188 次、橙色预警 238 次、红色预警 30 次。TGMIS 应用于重庆轨道交通 5 号线和 10 号线的情况如图 3-43 所示。

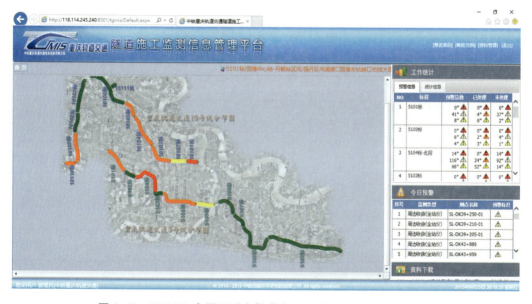

图 3-43　TGMIS 应用于重庆轨道交通 5 号线和 10 号线的情况

目前平台的总体应用情况如表 3-6 所示。

表 3-6　TGMIS 目前的应用情况

序号	项目名称	客户名称	服务隧道长度/km	项目所属行业
1	浩吉铁路隧道施工监控量测信息化系统技术服务	浩吉铁路股份有限公司	468.5	铁路
2	宝兰客专隧道施工监控量测信息化管理平台技术服务	甘肃信达建设工程咨询有限公司等 19 家单位	270	铁路
3	成昆铁路峨眉至米易段隧道施工监控量测信息化管理平台技术服务	中铁十二局集团第一工程有限公司等 12 家单位	224.33	铁路
3	成贵铁路隧道施工监控量测信息化管理平台技术服务	中铁四局集团有限公司等 18 家单位	247	铁路
5	中老铁路隧道施工监控量测信息化管理平台技术服务	中铁五局集团有限公司等 11 家单位	254	铁路
6	西成客专陕西段隧道施工监控量测信息化管理技术服务合同	中铁十七局集团第二工程有限公司等 10 家单位	189.0	铁路
7	成昆铁路米易至攀枝花段隧道施工监控量测信息化管理平台技术服务	四川公路桥梁建设集团有限公司等 5 家单位	140.82	铁路
8	兰州至海口国家高速公路重庆至遵义段（贵州境）扩容工程隧道监控量测信息化管理平台技术服务	浙江交工宏途交通建设有限公司等 10 家业主	121.14	公路
9	剑榕高速公路隧道施工监控量测信息化管理系统技术服务	贵州中交剑榕高速公路有限公司	107.53	公路
10	成昆铁路永仁至广通段隧道施工监控量测信息化管理平台技术服务	中国路桥永广铁路指挥部等 5 家单位	98.489	铁路
11	新建深圳至茂名铁路隧道施工监控量测信息化系统技术服务	中交第三航务工程局有限公司等 3 家单位	97.980	铁路
12	杭绍台高速公路隧道施工监控量测信息化管理系统技术服务	浙江交工集团股份有限公司等 5 家单位	64.46	公路
13	遵余高速隧道防坍塌预警管理系统技术服务	中铁华铁工程设计集团有限公司、中铁大桥勘测设计院集团有限公司	57.37	公路
14	杭绍台高速公路隧道施工监控量测信息化管理系统技术服务	浙江交工集团股份有限公司等 5 家单位	64.46	公路
15	重庆市轨道交通 5 号线一期工程"隧道防坍监测系统"技术服务	中国中铁股份有限公司重庆地铁建设指挥部	38.034	轨道交通
16	韶新高速公路隧道施工监控量测信息化管理技术服务	中铁四局集团有限公司韶关市翁源至新丰高速公路工程指挥部	43.37	公路
17	冯红铁路隧道施工监控量测信息化管理平台技术服务	陕西冯红铁路有限责任公司	35.76	铁路
19	襄渝线中梁山隧道施工监控量测信息化管理平台技术服务	中铁十七局集团	35.61	铁路
20	渝怀铁路梅江至怀化段增建第二线隧道施工监控量测信息化管理平台技术服务	中铁十二局集团第三工程有限公司等 3 家单位	32.752	铁路

序号	项目名称	客户名称	服务隧道长度/km	项目所属行业
21	绥延高速公路隧道施工监控量测信息化	中铁十局集团西北工程有限公司等 6 家单位	32.47	公路
22	银西客专陕西段隧道施工监控量测信息化管理技术服务	中铁四局集团有限公司等 2 家单位	32.2	铁路
23	昆明绕城高速公路东南段 B 标隧道施工监测信息化管理平台技术服务	廊坊市中铁物探勘察有限公司	23.55	公路
24	新建南昌经景德镇至黄山铁路（安徽段）隧道施工监控量测信息化管理平台技术服务	中铁四局集团第四工程有限公司等 3 家单位	23.587	铁路
25	新建海南西环铁路站前工程隧道施工监控量测信息化管理平台技术服务	中铁二十一局等 4 家单位	17.887	铁路
26	渝黔铁路扩能改造工程隧道施工监控量测信息化管理平台技术服务	中铁十七局集团有限公司等 3 家单位	17.54	铁路
27	南贵铁路 6 标隧道施工监控量测信息化系统技术服务	中铁十八局集团有限公司	17.236	铁路
28	渝怀铁路涪陵至梅江（成都局管段）增建二线隧道施工监控量测信息化管理平台技术服务	中铁二十局集团第三工程有限公司等 3 家单位	16.03	铁路
29	靖神铁路隧道施工监控量测信息化系统技术服务	陕西靖神铁路有限责任公司	9.31	铁路
30	唐家会煤矿铁路专用线工程通亥隧道施工监测信息化管理平台技术服务	中铁四局集团有限公司	13.1	铁路
31	敦格铁路建设管理项目信息系统隧道施工监控量测信息化管理平台技术服务	青藏铁路公司敦格铁路建设指挥部	7.47	铁路
32	新建川藏铁路成都—雅安段站前工程隧道施工监控量测信息化管理平台技术服务	中铁二局第六工程有限公司等 2 家单位	7.43	铁路
33	大连铁路枢纽改造工程 SN2 标段隧道施工监控量测信息化管理平台技术服务	中铁二十一局集团有限公司	4.08	铁路
34	福厦铁路隧道施工监控量测信息化管理平台技术服务	中铁六局集团有限公司交通工程分公司	2.110	铁路
35	新建玉溪至楚雄高速公路项目试验段隧道施工监控量测信息化管理平台技术服务	廊坊市中铁物探勘察有限公司	29.20	公路

　　此外，在隧道监控量测信息化系统基础上，衍生出的轨道交通监控量测信息化管理平台业已实现在昆明、贵阳、深圳、重庆等 10 余城 20 余条线路推广应用，关键技术纳入《住建部城市轨道交通工程创新技术指南》，鼓励在全国范围内推广应用。相关情况如表 3-7 所示。

表 3-7 平台衍生品的应用情况

序号	项目名称	客户名称	线路长度/km	项目所属行业
1	深圳地铁十四号线轨道交通信息化管理平台	中铁南方投资集团有限公司	50.34	轨道交通
2	重庆市轨道交通 5 号线一期工程"隧道防坍监测系统"技术服务	中国中铁股份有限公司重庆地铁建设指挥部	56.20	轨道交通
3	重庆市轨道交通 10 号线"隧道防坍监测系统"技术服务	中国中铁股份有限公司重庆地铁建设指挥部	38.03	轨道交通
4	台州轨道交通监控量测管理平台（试验段）技术服务	上海同是科技股份有限公司	5.70	轨道交通
5	昆明地铁 1 号线西北延轨道交通信息化管理平台	中铁开投昆明地铁一号线西北延建设指挥部	7.55	轨道交通
6	昆明地铁 4 号线轨道交通信息化管理平台	中铁开投昆明地铁四号线建设指挥部	43.39	轨道交通
7	重庆轨道交通 4 号线二期工程管控平台及技术服务	重庆轨道四号线建设运营有限公司	32.80	轨道交通
8	贵阳地铁 3 号线信息化管理平台	中铁城市发展投资集团有限公司地铁 3 号线筹备组	43.03	轨道交通
9	深圳春风隧道工程信息化管理平台	中铁南方投资集团有限公司	4.82	轨道交通
10	珠海兴业快线信息化管理平台	珠海市公路局	39.48	轨道交通
11	南通市轨道交通 1 号线一期信息化管理平台	中铁二局第五工程有限公司	39.15	轨道交通
12	成都轨道交通 8 号线一期信息化管理平台	中国中铁股份有限公司成都轨道交通工程指挥部	36.1	轨道交通
13	广州地铁 13 号线二期信息化管理平台	中国中铁广州市轨道交通十三号线工程总承包项目经理部	33.8	轨道交通
14	广州地铁 7 号线二期信息化管理平台	中国中铁广州市轨道交通七号线二期工程同步施工总承包项目经理部	22	轨道交通
15	成都地铁 10 号线三期信息化管理平台	中铁城市发展投资集团有限公司成都轨道交通工程指挥部	5.5	轨道交通
16	成都地铁 13 号线一期信息化管理平台	中铁城市发展投资集团有限公司成都轨道交通工程指挥部	29.07	轨道交通
17	成都地铁 17 号线二期信息化管理平台	中铁城市发展投资集团有限公司成都轨道交通工程指挥部	27.60	轨道交通

 第4章 浩吉铁路隧道监测及信息化管理

4.1 浩吉铁路隧道监控量测信息化管理

浩吉铁路线路里程长、工程地质条件复杂多变、施工难度大、施工单位多且技术水平和管理风格不一，需要采取高效的组织与管理架构，才能保证隧道监控量测管理质量，实现参建各方合作共赢的目标。浩吉铁路公司实行两级管理架构，公司依托线路走向分别设蒙陕、晋豫、湖北、湘赣四个指挥部，负责管段内工程建设的日常管理。

其中：蒙陕指挥部设在陕西省延安市，负责内蒙古、陕西两省（自治区）境内工程建设管理，管段里程正线长度为493.606 km，其中路基长度为246.5 km，隧道长度为185.5 km，桥梁长度为61.6 km，车站14座；晋豫指挥部设在河南省三门峡市，负责山西、河南两省境内工程建设管理，管段里程正线长度为 471.4 km，其中路基长度为 223.9 km，隧道长度为162.9 km，桥梁长度为84.6 km，车站16座；湖北指挥部设在湖北省襄阳市，负责湖北省境内工程建设管理，管段里程正线长度为 330.8 km，其中路基长度为 233.3 km，隧道长度为0.1 km，桥梁长度为97.3 km，车站13座；湘赣指挥部设在湖南省岳阳市，负责湖南、江西两省境内工程建设管理，管段里程正线长度为518.7 km，其中路基长度为269.7 km，隧道长度为111.5 km，桥梁长度为137.5 km，车站37座。

浩吉铁路公司结合全线隧道施工总体情况，制定隧道监控量测项目总体管理目标和实施标准，各指挥部再结合标段自身情况"因地制宜"地将管理目标进行阶段化分解，将实施标准细化为可具体操作的实施细则，有序开展现场监控量测工作，并在实施过程中进行动态调整和应急管理，从而保证浩吉铁路监控量测工作的科学、高效。

4.1.1 浩吉铁路隧道监控量测管理理念

浩吉铁路公司隧道工程施工充分尊重和回归新奥法本质，将开挖后的隧道围岩与初期支护结构视为施工期承载围岩压力的主体结构，允许其产生可控的变形，将监控量测获得的围岩-初期支护结构的形变、速率等稳定状态信息，作为判断隧道结构和现场安全的重要依据，将监控量测纳入工序管理，真正做到"不量测不进洞，不安全不进洞"，并将监控量测数据作为调整结构参数、施工工法、二次衬砌施作时机等工作的重要参考。

浩吉铁路公司高度重视隧道监控量测及其信息化在隧道工程建设中的重要性，在项目前期就邀请业内专家、组织相关单位人员，结合浩吉铁路隧道沿线不同区域地质特点，开展了广泛而深入的调研，为后续制定具有浩吉特色的监控量测管理办法和符合浩吉铁路实际情况的实施方案打下了坚实基础。工程开工后，浩吉铁路公司及时与业内监控量测实力较强的中铁西南院合作，搭建监控量测系统平台及相关配套设施，充分运用科技化、信息化手段，推

进隧道监控量测工作在施工现场的应用。

通过扎实开展现场调研、系统试用、应用反馈、优化改良等一系列工作，浩吉铁路公司组织研究发布的监控量测实施方案与中铁西南院开发的监控量测系统服务平台实际应用效果良好，成功实现了监测现场采集、信息传输、数据分析和反馈应用的全面信息化和自动化，最终实现了全线 229 座 468.5km 隧道全部顺利贯通、"安全生产零伤亡"的预期目标。

4.1.2　浩吉铁路隧道监控量测应用基础

众所周知，隧道监控量测工作能够为后续施工提供判断和参考的基础，使量测数据能够真实有效地反映围岩-初支结构随时间发生的相关沉降、收敛等变化。在以往的隧道工程建设施工过程中，往往存在初期支护结构钢架材料刚性过强，不能与喷射混凝土有效结合形成整体结构，或是现场实际条件与设计不符，不能满足监控量测布设要求等问题。浩吉铁路公司为提高围岩-初支结构的整体性，回归新奥法本质，同时保证监控量测工作顺利开展和数据的有效性，开展了多项研究优化、现场核对等相关工作。

4.1.2.1　优化初期支护钢架形式

一般地段原则上全部采用格栅钢架。型钢钢架刚度大，架设后能较快速地提供对围岩的早期支撑作用，但质量大、架设难，与开挖面不易密贴，混凝土喷射不实，很难与围岩和喷射混凝土有效结合形成整体结构，容易发生初支开裂、混凝土剥落等情况，导致初支失效，引起坍塌，不利于结构整体安全。格栅钢架质量轻，安装快，用钢量少，能与喷射混凝土良好结合、协同受力。从受力角度看，格栅钢架比型钢钢架应力小，且应力分布相对均匀。为此公司组织进行设计招标，经过专家对比论证确定了浩吉铁路格栅钢架结构标准，统一了格栅钢架的设计、加工标准，并进行了格栅钢架受力状态实验室试验和现场试验，验证了格栅钢架的使用效果优于型钢钢架，能够与隧道围岩和喷射混凝土有效结合形成整体结构，承担施工期荷载[19]。

同时，为保证格栅钢架的制作和使用质量，浩吉铁路公司全线推广应用四肢主筋 8 字结连接格栅钢架，确定了 H130、H150、H180、H230 标准化钢架型号并下发了格栅钢架设计通用图，集中设置标准化加工厂，全线统一加工标准并采用机械化加工设备，保证了制造精度和成品质量。同时，各加工厂全部采用集中生产、统一配送的管理模式，真正实现了钢架设计、加工的系统化、标准化、工厂化，高质量格栅钢架的推广应用，有效保证了初期支护质量和施工安全。如图 4-1 所示。

（a）钢架加工厂　　　　　　　　　　　　（b）气体对焊机

（c）对压机　　　　　　　　　　（d）"8"字筋成品

图 4-1　"8"字形格栅钢架加工现场及成品

4.1.2.2　全面使用湿喷机械手

初期支护承担着施工期荷载，对施工期间安全起到至关重要的作用，保证初期支护喷射混凝土的质量对隧道整体结构安全尤为关键。传统的混凝土喷射技术以人工为主，采用潮喷工艺或小型湿喷机工艺，但是这两种方式都存在工作劳动强度大、粉尘含量高、混凝土质量不可靠、回弹率大、喷射效率低等缺点。浩吉铁路拌和站集中供料，每个隧道作业面都采用不小于 15 m³/h 的湿喷机械手喷射混凝土（图 4-2）。浩吉铁路全线 228 座隧道，实际投入机械手 339 台，实现了施工掌子面全覆盖。

图 4-2　机械手湿喷混凝土作业

浩吉铁路通过开展 QC 攻关，对机械手湿喷混凝土配合比优化、混凝土生产和运输、湿喷混凝土操作及设备管理等关键环节和质量控制要点进行了研究总结，得出了运输距离长短不一的、适用于机械手的混凝土配合比，保证了混凝土的工作性能；总结出了机械手湿喷混凝土的作业参数（高压风 0.6 MPa 左右，喷头距受喷面 0.8~1.2 m，角度尽量接近 90°），并制定了机械手湿喷混凝土操作手册，加强岗前培训和达标上岗制度，确保湿喷作业各环节有序可控；规范了机械手湿喷混凝土操作流程，建立了机械手湿喷混凝土考核体系。浩吉铁路隧道施工工艺工法的优化为湿喷机械手使用提供了有利条件，尤其是全断面施工不需搭设台架，台阶法施工机械手能伸到掌子面，降低了工人劳动强度，减少了施工作业人员数量，提高了施工效率，初期支护质量实体检测强度普遍高于设计值，同时保证了作业人员的职业健康。

4.1.2.3 扎实开展现场核对

隧道洞口段是监控量测工作的重点量测项目，但在现场实际施工过程中，常常因铁路建设项目的工程开工建设与定测阶段现场勘测之间有一段长达数月或更长的时间间隔，在此期间，由于当地人文活动、经济发展、其他工程建设以及河流雨水冲刷等自然因素，可能造成工点场地的地形地貌、工点使用功能要求等方面的变化，与依据定测阶段现场实际条件而设计的施工图不符，导致监控量测工作不能按设计开展。此时，能否通过现场核对及时调整隧道洞口段的设计、施工和监控量测方案，是隧道能否顺利进洞并开展后续施工和监控量测的基础。

浩吉铁路公司对施工图现场核对高度重视，把施工图现场核对作为重要的技术管理工作纳入建设管理规定中，明确规定"不经过施工图现场核对和完善变更手续的不准开工"，坚决杜绝"走过场、搞形式"。浩吉铁路站前工程施工图现场核对工作，按施工招标批次共分为三个阶段：第一阶段为完成先期开工 2 桥、7 隧等控制性工程标段的核对，第二阶段为完成 30 个首批招标综合土建标段的核对，第三阶段为完成 3 个二批招标综合土建标段和 4 个铺架标段的核对。其中，隧道工程现场核对的重点是隧道进出口位置和条件（含覆盖厚度、设计措施是否满足进洞或出洞条件）、进洞方式（是否安全、是否需要接长明洞或调整明暗分界）、边仰坡处理方案（边仰坡开挖是否合理，能否减少对原地貌的扰动）、地质条件是否清晰（是否邻近堆积滑坡体等不良地质、是否需要补勘）等 13 项内容。

经过建设、施工、监理、审核等参建各方人员的共同努力，浩吉铁路站前工程施工图现场核对参与人员达到了 1 543 人，核对人次达到了 19 900 人次，全线共完成 6 925 个站前工点的施工图现场核对，核对发现 1 216 个工点存在可优化的内容，其中隧道核对发现可优化的工点 126 个，共计 145 处，占隧道工点总数的 54.3%。

4.1.2.4 采用单价承包合同

在以往的隧道工程建设中，施工承包合同往往采用的是总价承包合同，监控量测工作数量费用纳入合同总费用，施工中遇到软弱地质条件需要变更设计、增加监控量测数量和频率时并不增加相关费用，且易引发施工单位产生"干不干一个样，干多干少一个样"的懈怠管理，不利于控制隧道工程施工安全。

浩吉铁路施工承包合同采用单价合同，建设单位承担施工数量的风险，有效解决了施工现场数量变化费用不变引起的该变更而不愿变更的问题。浩吉铁路公司将以前工程量清单中按围岩级别计量的监控量测项目费用从开挖中分列出来，单独作为计价子项纳入合同，真正按一个单独工序纳入建设管理，通过对需要进行监控量测的全部断面、测点实施信息化管理，保证监控量测工作数据真实可靠，使隧道施工监控量测工作落到实处。

4.1.3 浩吉铁路隧道监控量测实施方案

针对浩吉铁路隧道实际情况，为开展实用有效的监控量测工作，了解和掌握隧道支护结构变形情况，保障施工安全，调整施工方法，指导二衬施作时机，进行动态设计提供参考，结合现有工程技术标准，参考国内外相关研究成果，借鉴类似工程经验，浩吉铁路公司于 2015 年 8 月印发试行了《蒙西华中铁路隧道施工监控量测实施方案（试行）》《蒙西华中工技〔2015〕55 号），现场应用后取得良好效果。后续根据一年来的监测数据统计分析，结合现场实际，进一步优化、调整了部分内容，于 2016 年 7 月 13 日发布实施了《蒙西华中铁路隧道施工监控量测实施方案》（蒙华工技〔2016〕92 号）。

4.1.3.1　编制依据

（1）《铁路隧道监控量测技术规程》（Q/CR 9218—2015）。

（2）《铁路隧道监控量测标准化实施细则》（工管办函〔2014〕92 号）。

（3）《铁路黄土隧道技术规范》（Q/CR 9511—2014）。

（4）《铁路隧道设计规范》（TB 10003—2005）。

（5）《新建蒙西至华中地区铁路煤运通道工程施工图设计》。

（6）浩吉铁路隧道动态设计、监控量测及机械化配套实施专题会专家意见，北京，2015-08-04。

（7）浩吉铁路隧道施工监控量测实施方案审查会专家意见，北京，2015-07-24。

（8）浩吉铁路隧道施工监控量测实施方案大纲审查会专家意见，北京，2015-07-02。

（9）国内外隧道围岩稳定性相关研究成果。

（10）类似工程经验（宝兰客专、西成客专、成贵铁路、赣龙铁路等项目数据统计与分析）。

4.1.3.2　监测项目

浩吉铁路隧道施工监测项目分必测项目和选测项目，一般情况下只做必测项目（表 4-1），选测项目按隧道工程实际需要施作。

表 4-1　浩吉铁路隧道施工监测必测项目

序号	监测项目	监测范围	常用仪器
1	洞内外观察	全线隧道（正洞和辅助导坑）	罗盘仪等
2	拱顶下沉		全站仪
3	水平收敛		全站仪
4	地表沉降	特殊情况的浅埋段	全站仪

备注：① "特殊情况的浅埋段" 是指隧道浅埋段有构（建）筑物、等级道路等情况；
　　　② 非上述情况，但当地表出现开裂、沉降等异常情况时，须进行地表沉降监测。

4.1.3.3　断面及测点布设原则

1. 拱顶下沉和水平收敛

拱顶下沉和水平收敛监测断面间距如表 4-2 所示。

表 4-2 拱顶下沉和水平收敛监测断面间距

围岩级别	断面间距/m	
	单双线正洞	单双车道辅助坑道
V（VI）	5	10
IV	20	30
III（软质岩）	50	
III（硬质岩）	在特殊地段布设监测断面	
II	在特殊地段布设监测断面	

备注：（1）IV级围岩，在不良地质地段（主要指土体、水平层软质岩等）监测断面应适当加密。

（2）III级软质岩主要指：砂岩（三门峡以北）、片岩、板岩、页岩、泥质砂岩、砂砾岩、泥灰岩等。

（3）III级硬质围岩、II级围岩原则上不布设监测断面，特殊地段根据现场情况布设监测断面。特殊地段指：

① 掌子面施工时，有掉块、坍方等的地段；

② 喷射混凝土有开裂、剥落等的地段；

③ 需要进行设计调整的段落（进行一定的监测，为动态调整支护参数、施工方法等提供参考，验证调整效果）；

④ 其他需要进行监测的地段（如交叉口地段）。

（4）各断面布设间距误差控制在"断面间距的10%"以内。

（1）测点布设应按施工方法区分。全断面、两台阶、三台阶按图4-3所示进行布置，收敛测线距台阶开挖线的高度，可根据各台阶的高度情况进行适当调整。其他特殊地段施工方法的测点布设根据现场实际情况进行布置。

（2）拱顶下沉和水平收敛测点应布置在同一断面上。

（3）初支应与围岩密贴，测点埋设在格栅等钢架上，无钢架时，埋设在围岩中。

（4）测点应在开挖后及时埋设并读取初始读数，测点埋设须在开挖后 12 h 内完成，初始读数须在测点埋设后 8 h 内完成。

（5）拱顶下沉测点应埋设在拱顶轴线上，数值采用绝对高程，周期性复核后视点，保证其数据可靠性。

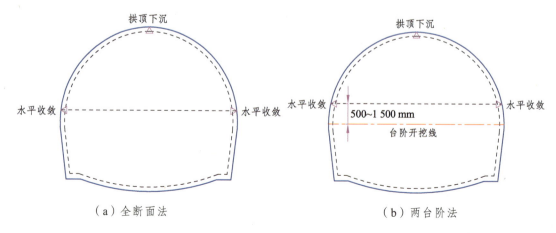

（a）全断面法　　　　　　　　（b）两台阶法

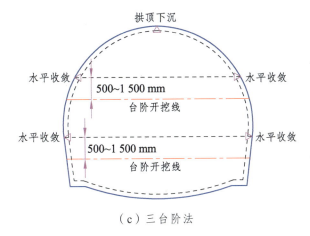

（c）三台阶法

图 4-3　拱顶下沉和水平收敛测点布置示意图

2. 地表沉降

地表沉降监测断面间距如表 4-3 所示。

表 4-3　地表沉降监测断面间距

隧道埋深与开挖宽度	断面间距/m
$2B < H_0 \leq 2（H+B）$	20
$B < H_0 \leq 2B$	10
$H_0 \leq B$	5

备注：① H_0 为隧道埋深（m），H 为隧道开挖高度（m），B 为隧道开挖宽度（m）；
　　　② 地表沉降测点应在隧道开挖前布设；
　　　③ 地表沉降断面与洞内监测断面应尽量布置为同一断面。

（1）测点应在隧道开挖前布设，横向间距为 2～5 m，按图 2-7 所示进行布置，在隧道中线附近测点应适当加密。

（2）隧道中线两侧监测范围不应小于 H_0+B。当对地表沉降有特殊要求时，监测间距应适当加密，范围应适当加宽。

（3）基准点应设置在隧道施工影响范围以外稳定处，并设置复核性测点，保证其数据的可靠性。

4.1.3.4　监测频率

1. 洞内、外观察

每施工循环记录 1 次，必要时加大观察频率。

2. 拱顶下沉和水平收敛监测

（1）一般为 1 次/d，出现异常情况时，适当加大监测频率。

（2）当变形趋于稳定时，监测频率按表（表 4-4）执行。

表 4-4 变形趋于稳定时的监测频率

支护状态	平均变形速率	持续时间	监测频率
初支全环封闭	<2 mm/d	>3 d	1 次/3 d
初支全环封闭	<1 mm/d	>7 d	1 次/7 d
初支全环封闭	<0.5 mm/d	>15 d	1 次/15 d

（3）在初期支护稳定后，可停止该断面的监测。

初期支护稳定须同时满足以下条件：

① 初期支护表观现象正常；

② 变形时态曲线已经收敛；

③ 拱顶下沉和水平收敛平均变形速率小于 0.5 mm/d，且持续 1 个月以上。

3. 地表沉降监测（对于需要监测的段落）

（1）一般为 1 次/（1～3）d，出现异常情况时，适当加大监测频率。

（2）在二次衬砌施工通过监测断面 2B 距离后（B 为该断面隧道开挖宽度），且地表沉降变形时态曲线已经收敛时，可停止该断面监测。

4.1.3.5 监测管理值

采用变形总量、变形速率、初期支护表观现象和变形时态曲线等四项对隧道施工安全进行综合等级管理。变形总量与变形速率应控制在管理等级范围内，及时巡视观察初支表观有无异常，同时结合变形时态曲线形态进行综合分析处理。

1. 管理等级及对应措施（表 4-5）

表 4-5 管理等级及对应措施

管理等级	对应措施
正常（绿色）	正常施工
预警二级（黄色）	加强监测，密切关注发展情况，分析原因，调整施工，使隧道变形趋稳，并制订应急方案和对策
预警一级（红色）	暂停施工，加强监测，启动应急预案，采取相应工程措施

2. 变形总量管理值（表 4-6、表 4-7）

表 4-6 一般地段变形总量管理等级

管理等级			变形总量/mm		
			正常 （绿色）	预警二级 （黄色）	预警一级 （红色）
拱顶下沉	单线正洞 单车道辅助坑道	III	<20	20～25	≥25
		IV	<48	48～64	≥64
		V	<60	60～80	≥80

续表

管理等级			变形总量/mm		
			正常 （绿色）	预警二级 （黄色）	预警一级 （红色）
拱顶下沉	双线正洞 双车道辅助坑道	III	<25	25～35	≥35
		IV	<72	72～96	≥96
		V	<90	90～120	≥120
水平收敛	单线正洞 单车道辅助坑道	III	<10	10～15	≥15
		IV	<30	30～45	≥45
		V	<40	40～55	≥55
	双线正洞 双车道辅助坑道	III	<10	10～15	≥15
		IV	<35	35～50	≥50
		V	<45	45～60	≥60
地表沉降			<90	90～120	≥120

表 4-7　黄土地段变形总量管理等级

管理等级	变形总量/mm		
	正常 （绿色）	预警二级 （黄色）	预警一级 （红色）
拱顶下沉	<75	75～150	≥150
水平收敛	<35	35～50	≥50
地表沉降	<90	90～180	≥180

备注：本表不适用于特殊施工工法（如盾构、预切槽法等）隧道。

3. 变形速率管理值（表 4-8、表 4-9）

表 4-8　一般地段变形速率管理等级

管理等级	变形速率/（mm/d）		
	正常 （绿色）	预警二级 （黄色）	预警一级 （红色）
拱顶下沉	<5.0	5.0～10.0	≥10.0
水平收敛	<3.0	3.0～6.0	≥6.0
地表沉降	<5.0	5.0～10.0	≥10.0

表 4-9　黄土地段变形速率管理等级

管理等级	变形速率/（mm/d）		
	正常 （绿色）	预警二级 （黄色）	预警一级 （红色）
拱顶下沉	<10.0	10.0～20.0	≥20.0
水平收敛	<5.0	5.0～10.0	≥10.0
地表沉降	<10.0	10.0～20.0	≥20.0

备注：本表不适用于特殊施工工法（如盾构、预切槽法等）隧道。

4. 初期支护表观现象

隧道施工过程中应对隧道初期支护表观进行观察，当初期支护出现表 4-10 所述现象时，应及时进行信息反馈，并采取相应工程措施。

表 4-10　需要采取工程措施的初期支护表观现象

序号	初期支护	表观现象
1	喷混凝土	初期支护混凝土出现开裂、剥落、掉块等现象： ①纵向开裂超过 3 榀钢支撑间距； ②环向开裂超过已施工支护周长的 1/3； ③裂缝宽度超过 0.5 mm
2	钢拱架等	扭曲、异响、拱脚下沉等

5. 变形时态曲线特征

变形时态曲线特征如图 4-4 所示。

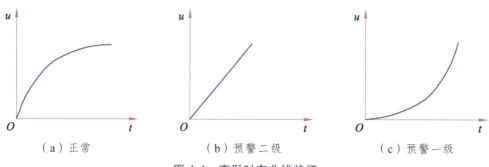

图 4-4　变形时态曲线特征

当变形处于初期匀速变形阶段和平稳发展阶段时，隧道处于相对安全的状态。围岩变形过程中，在围岩不失稳的正常情况下，在量测断面附近进行开挖施工时，受施工扰动，存在一定的变形加速现象，属于正常加速，其余变形加速属于异常加速。异常加速是围岩失稳的征兆，对隧道施工安全存在威胁，应进行预警。

变形时态曲线在管理等级中的体现如表 4-11 所示。

表 4-11　变形时态曲线在管理等级中的体现

序号	管理等级	体现
1	正常（绿色）	无变形异常加速，变形特征曲线趋于收敛
2	预警二级（黄色）	变形异常加速，变形特征曲线无收敛迹象，日均变形速率差值连续 2 d 增大，且均大于 2 mm/d 时
3	预警一级（红色）	变形异常加速，变形特征曲线无收敛迹象，日均变形速率差值连续 3 d 增大，且均大于 2 mm/d 时

利用信息化手段确保隧道施工相关信息的及时性、完整性、有效性和可溯源性；通过有

效的监管手段和管理办法，推进隧道施工实现标准化管理；通过督促实施单位认真落实信息化管理办法，逐步实现规范化和标准化管理，以强化监管力度；通过推行监控量测信息化管理，进一步落实监控量测工作，最大限度避免隧道施工安全事故的发生。

4.1.3.6　监测方法

1. 洞内外观察

洞内开挖面观察：开挖工作面观察应在每次开挖后进行，及时绘制开挖工作面地质素描图，填写开挖工作面地质状况记录表，并与勘查资料进行对比。此项工作由地质预报单位或专业地质工程师进行整理。

洞内已施工地段观察：喷射混凝土、钢拱架或格栅钢架变形等工作状态。主要观察内容如下：

①初期支护完成后对喷层表面的观察以及裂缝状况的描述和记录，要特别注意喷混凝土是否开裂和剥落；

②钢拱架或格栅钢架有无扭曲变形、整体下沉等现象；

③拱架或围岩有无异响。

洞外观察重点应在洞口段和洞身浅埋段，记录地表开裂、地表变形、边坡及仰坡稳定状态、地表水渗漏情况等，同时还应对地面建（构）筑物进行观察。

2. 拱顶下沉和水平收敛监测

拱顶下沉和水平收敛监测采用全站仪配合反射膜片进行。

测点埋设：宜采用直径较大的螺纹钢，尾端（隧道洞内方向）进行 45°斜切形成斜切面或者端部焊接钢板，斜切面处或钢板上面粘贴测量专用反射膜片（不小于 2 cm × 2 cm）。

标识要求：测点布设以后，在测点位置做统一的醒目标识，每个断面左右侧各布设 1 个标示牌，及时记录展示相关信息，监测点上严禁悬挂物品。

保护要求：测点及时进行布设，并做好保护，防止破坏。现场监测与施工必须紧密配合，施工现场应提供监测工作时间，保证监测工作的正常进行，监测测点的埋设计划应列入工程施工进度控制计划中。

失效测点处理要求：如果测点被破坏，应在被破坏测点附近补埋，重新进行数据采集；如果测点出现松动，则应及时加固，重新读取初读数。失效测点应在 6 h 之内恢复，前期累计变形值作为处理后测点的初始变形量。

3. 地表沉降监测（对于需要监测的段落）

沉降测点埋设时先在地表钻孔，然后埋入沉降测点，外露 1 ~ 2 cm，四周用砂浆填实。测点宜采用直径 20 ~ 30 mm、长 50 ~ 100 cm 的半圆头钢筋制成。

4.1.3.7　监测流程

监控量测数据整理、分析和反馈符合下列要求，监控量测工作流程见图 4-5。

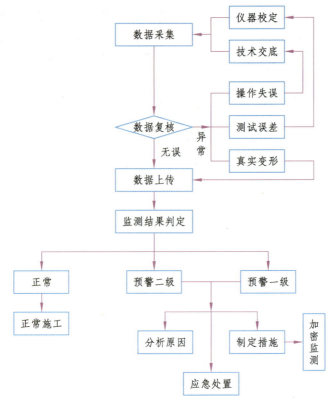

图 4-5　监控量测工作流程

（1）测点布设及保护：监控量测测点应按照实施方案要求进行布设并进行有效保护，如因现场实际原因需要特殊处理的必须提前告知监理并备案埋设记录，且特殊处理测点数量不得超过测点总量的 5%。

（2）数据采集：按规定监测频率完成当日监测数据采集工作，不得滞后，不得造假；需要采集或重取初始值时，采集值均为二次，并将二次结果一并上传平台，若初始值采集小于二次按数据失真处理。

（3）数据审核：每日完成数据采集后，操作手无权直接完成数据上传，应将当日采集的监测数据成果带出交予工区总工或以上级别人员审核，上传前必须进行"查看计算结果"校核操作，对异常数据必须进行再次采集，确保量测数据的准确性。检查确认无误后，由工区总工或以上级别人员在数据上传确认单（以下简称"确认单"，见附录 2）上签字，完成审核程序后，操作手方可将现场数据通过手机上传至平台。最后，若仍发生假性预警，则由监理查看当日确认表，若未填写确认单上传则操作手及监测负责人对本次假性预警负责，即为假性预警主责人；若填写确认单上传的则由确认单上审核签字人（工区总工及以上级别人员）对本次假性预警负责，即为假性预警主责人。

（4）数据上传：现场优化监测流程，保证每日监测数据在当日 16:00 前上传至平台。因特殊情况导致单日数据上传滞后的隧洞，需通知监理现场确认并留证备查。

（5）出现预警信息时，根据预警等级各单位部门按照《关于加强隧道监控量测信息管理的通知》（蒙华质安〔2015〕97 号）响应。施工单位应及时邀请监理单位核查现场情况，监理组织召开现场预警分析会，分析监测数据，制定相应工程措施。预警信息的处理实行闭环管理，及时形成《监控量测预警信息分析会会议纪要》和《监控量测预警信息处理单》，经总监代表[二级（黄色）预警]或总监[一级（红色）预警]确认处理结果并向指挥部归口管理部门汇报情况，经得同意后，方可由工区技术负责人[二级（黄色）预警]或项目部总工程师[一级（红色）预警]撤销预警信息。其他人不得越权消警，消警人也不得无故违规授权他人消警。

说明：预警处理根据现场情况分为两个阶段：

①根据现场预警分析会议会商意见，在监控量测信息化平台"处理意见"栏进行填写，其中"处理级别"的选择需结合现场情况，分为"不更改预警级别""预警撤销【绿色】""黄色预警【黄色】""红色预警【红色】"4 种。

a. 选择"不更改预警级别"，点击"保存"。现场风险隐患未解除，需根据措施效果判定，待稳定后，再进行"预警撤销【绿色】"。

b. 选择"预警撤销【绿色】"，点击"保存"。围岩变形无异常，且现场巡视无异常时，对预警进行关闭。

c. 如措施不到位，后续变形仍异常或现场巡查出现风险隐患等，可选择将预警维持在原级别或升级报警。

②现场处理结果显示围岩变形趋稳且现场巡查无异常后，由施工单位填写预警处理撤销表并由监理人员签认后向指挥部归口管理部门汇报结果，完成预警信息闭合处理。

（6）除每日对隧道进行必要的变形监测、应力应变监测（在需要的情况下）外，需进行必要的洞内外巡视，并如实填写洞内外日常巡视表（附录 3）。

（7）定期对仪器进行校核并建立仪器校核台账，定期复核基准控制网内所有基准点并建立基准点复核台账，确保数据的真实性和准确性。

（8）按周、月或季进行阶段分析，分析总结监测数据，了解和掌握支护结构变形规律，对施工情况进行评价，形成阶段分析报告，指导后续施工。对于因隧洞监测数据失真产生的监测成果与隧洞施工情况不符的现象，指挥部将视情节轻重给予责任标段相应处罚。

4.1.3.8　管理分级

浩吉铁路公司制定发布的《蒙西华中铁路隧道施工监控量测实施方案》采用变形总量和变形速率对隧道安全进行监测信息等级管理，分正常（绿色）、预警二级（黄色）和预警一级（红色）三个等级。同时，浩吉铁路公司对警报处理也采用分级管理制度，不同预警等级对应不同的管理措施和应对方案，详见表 4-12。

表 4-12　监控量测分级管理及处理措施

管理等级	分级管理	处理措施
正常（绿色）	施工单位项目部及工区相关管理人员（经理、总工、质量总监、安全总监、质量部长、安全部长、工程部长、监测负责人），监理项目部隧道监理组长、监理测量工程师、隧道监理工程师通过系统平台对每日监测信息及时掌握，安排施工，并在隧道洞口醒目位置公示监测信息	正常施工

管理等级	分级管理	处理措施
预警二级 （黄色）	①工区经理、总工、安全总监第一时间赶赴现场，及时进行原因分析，制订工程对策和应急预案，做好安全防范工作； ②由设计单位隧道、地质专册审核，确认技术措施、提出设计调整方案； ③由监理单位总监代表批准施工提出的技术措施； ④由指挥部质量安全部长负责督促针对黄色预警信息采取技术措施的审核、批准和实施； ⑤由指挥部工程技术部部长组织对预警信息采取技术方案的研究和批准	加强监测，密切关注发展情况，并由施工单位邀请监理单位及时进行原因分析，制订应急预案和对策，通过施工调整，控制围岩变形
预警一级 （红色）	①项目经理、总工、安全总监第一时间赶赴现场，及时进行原因分析，制定工程对策和应急预案，做好安全防范工作； ②由设计指挥部总工程师组织隧道、地质专册审核，确认技术措施、提出设计调整方案； ③由监理单位总监批准施工提出的技术措施； ④由指挥部主管质量安全的副指挥长负责督促针对红色预警信息采取技术措施的审核、批准和实施； ⑤由指挥部总工程师组织对预警信息采取技术方案的研究和批准	暂停施工，加强监测，由施工单位邀请监理单位及时进行原因分析，制定处理措施。必要时，现场启动应急预案，紧急处置

注：①施工单位结合现场情况，对重大风险可立即进行紧急处置；

②施工单位采取重大措施后报指挥部工程部履行变更程序；

③重大方案由指挥部组织设计、监理、施工单位制订。

4.1.3.9 其他相关要求

（1）选测项目应根据工程规模、地质条件、隧道埋深及其他特殊要求，经参建各方研究确定。

（2）监控量测与施工应密切配合，监控量测元件的埋设与监控量测应列入工程施工进度控制计划中，监控量测工作应尽量减少对施工工序的影响。

（3）施工单位必须建立严格的监控量测数据复核、审查制度，保证数据的准确性。如有监控量测数据缺失或异常，应及时采取补救措施，并详细记录。

（4）测点应牢固可靠，易于识别并妥善保护。如果测点被破坏，应及时补设。拱顶量测后视测点必须埋设稳定牢固，并和洞内水准点建立关联。

（5）净空变化、拱顶下沉和地表下沉（浅埋地段）等必测项目应设置在同一断面，其量测断面间距执行《实施方案》相关规定。当地质条件复杂、下沉量大且偏压明显时，除量测拱顶下沉外，还应量测拱腰下沉及基底隆起量。

（6）拱顶下沉、收敛量测初读数宜在每次开挖后 12 h 内取得初读数，最迟不得大于 24 h，而且在下一循环开挖前，必须完成初期变形值的读取。

（7）必测项目的监控量测频率执行《实施方案》的相关规定。出现异常情况或不良地质时，应增大监控量测频率。

（8）在初期支护稳定后，可停止该断面的监测。初期支护稳定须同时满足以下条件：初期支护表观现象正常；拱顶下沉和水平收敛平均变形速率小于 1 mm/d，且持续 1 个月以上；变形时态曲线已经收敛。

4.1.4　监控量测管理流程及各方责任落实

监控量测实行指挥部、监理、设计、施工单位共同参与的管理体系，各参建单位成立监控量测管理组织机构，配备满足需要的人员，建立相应的责任体系。建设指挥部对监控量测实施进行管理，分析监控量测数据，指导设计和施工，对于预警信息应及时组织查明预警原因，结合监测数据核实技术方案、措施是否合理，研究提出相应工程对策；设计单位负责监控量测设计并参与施工过程监控量测工作；施工单位是监控量测实施的主体责任单位，结合工程地质、施工方法、施工进度等现场情况进行监控量测数据分析，每月以隧道为单元，编制监控量测分析报告；监理单位负责对监控量测实施进行监督、检查。

具体监控量测管理流程见图 4-6。

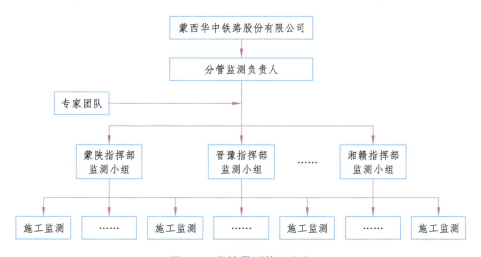

图 4-6　监控量测管理流程

1. 建设指挥部职责

（1）制定监控量测管理办法，明确管理体系和规范管理流程。

（2）质量安全部是隧道施工监控量测工作的归口管理部门，配备监控量测信息化管理员，专人负责，组织数据采集应用软件培训；负责解决各单位在使用系统过程中遇到的问题；负责审核、备案管段内各标段监控量测实施细则；负责通过系统平台盯控重点地段和重点部位，及时了解并掌握异常情况，对信息平台中黄色、红色预警部位进行监控，负责备案施工单位填报的《预警信息处理单》《假性预警信息处理单》；当对监测结果有疑问时，要求监理或施工单位进行抽检或复检；负责对各参建单位监控量测工作开展情况进行监督、检查、考核；负责对各参建单位存在的问题进行督促整改；负责组织召开监控量测专题会。

（3）工程技术部是隧道施工监控量测工作的协同管理部门，负责监督核查监控量测预警信息原因分析和措施制定情况；负责组织相关单位制订重大方案；负责组织参建各方结合现场施工情况对监控量测管理限值进行动态调整；负责对监控量测验工计价工程数量的确认。

（4）合同财务部是隧道施工监控量测验工计价的管理部门，负责监控量测费用的计量与支付工作。

2. 施工单位职责

（1）负责施工现场监控量测具体实施工作，配备足够具有相应资质和能力的专职监控量测人员。

（2）编制隧道工点施工监控量测方案及实施细则，报监理单位审批并报指挥部核备。

（3）按监控量测实施细则组织实施，成立现场监控量测小组，明确监控量测各环节工作负责人；做好数据的采集、上传、分析、判释、安全性评价等工作；确保监控量测项目、频率符合规定及现场实际要求，对监测数据的真实性、准确性、及时性和完整性负责。

（4）建立监控量测管理台账和周、月报制度，结合地质情况和现场施工工况分析总结监控量测数据，了解和掌握支护结构变形规律，对施工情况进行评价；对预警后采取工程措施的效果及预留变形量提出调整建议，形成阶段分析报告，指导后续施工。每周六前向监理单位上报周报，每月 25 日前向监理单位、指挥部上报月报。

周报重点内容：结合地质情况和现场施工工况分析总结变形规律；分析各隧道掌子面的安全状态；分析各类预警采取的主要工程措施及其控制变形的效果。

月报重点内容：以测量数据为基础，结合地质情况和现场施工工况等分析变形规律；分析停测测点，并附停测测点的回归分析图；分析各隧道掌子面的安全状态；分析各类预警采取的主要工程措施及其控制变形的效果；对施工情况进行评价并提出建议；提出预警基准调整建议；现场监控量测管理中好的经验和存在问题；监控量测系统平台使用过程中的优化改进建议（针对客户端、手机端、网页）；下个月的监控量测工作计划，等等。

（5）负责及时办理隧道施工监控量测验工计价工作。

（6）针对特殊环境（如暴雨、雪灾及其他影响隧道施工安全的不利环境）要根据情况加强量测与巡视工作及采取其他必要措施，避免产生安全事故。

（7）瓦斯隧道的监控量测工作，在测量过程中要注意测量的时间、通风条件、通信设备及其他相关设备的安全防爆。

（8）标段的监控量测负责人，每月必须对管段内各洞口的监控量测数据进行至少一次的抽查实测，并保存抽查实测的影像资料和记录。

（9）根据现场情况采取紧急处置措施，负责组织相关单位对监控量测预警信息进行原因分析和制定工程措施，积极落实确定的工程措施；负责对处理过程进行记录照片或影像等资料，实现预警的闭合管理。

（10）建立监控量测预警处理机制，指定各个环节责任人，责任落实到位。

（11）黄色预警处置：

① 接到黄色预警短信后，施工单位工区经理或工区总工第一时间赶到现场进行调查、处理。

② 施工单位结合现场实际情况，首先采取应急措施，确保安全；其次加强监测，密切关注发展情况，同时分析原因，制订方案和对策，调整施工，使隧道变形趋稳。

③ 方案制订及现场落实后及时填写预警信息处理单（附录 1），报总监代表签字（盖章）后，两天内送指挥部质安部备案，经核实无误后由工区总工解除预警。

（12）红色预警处置：

① 接到红色预警短信后，施工单位项目经理、项目总工、工区经理、工区总工第一时间赶到现场进行调查、研究、处理。

② 现场暂停施工，加强监测，启动应急预案，施工单位制定相应工程措施，确保安全。

③ 方案制订及现场落实后及时填写预警信息处理单（附录 1），报总监签字（盖章）后，当天送指挥部质安部备案，经核实无误后由项目总工解除预警。

（13）若出现假预警，填写假性预警信息处理单（附录 2），报监理单位相关负责人签字（盖章）后，当天送指挥部质安部备案，经核实无误后黄色预警由工区总工、红色预警由项目总工解除预警。

3. 监理单位职责

（1）审查施工单位监控量测方案和监控量测实施细则，并对监控量测工作进行监督、检查。

（2）重点核查测点埋设是否符合规定，跟踪检查现场监测是否及时、频次是否满足规范要求、数据是否真实准确、是否及时上传等情况。

（3）完善监理单位预警处理机制，落实施工单位预警后的现场处理措施是否到位。

（4）审批施工单位上报的监控量测周报、月报，验收监控量测检验批。

（5）及时审核施工单位提报的隧道施工监控量测验工计价资料。

（6）及时向指挥部反映施工单位监控量测工作中存在的问题。

（7）接收到黄色预警信息后隧道组长、隧道专监第一时间赶到现场进行调查、处理。

（8）接收到红色预警后总监、总监代表第一时间赶到现场进行调查、研究、处理。

4. 设计单位职责

（1）设计文件中应明确需监控量测的项目及相关技术要求。

（2）参加指挥部或施工单位组织的监控量测预警信息分析会，对监控量测信息进行分析、判断，提出技术方案和工程措施。

（3）参加指挥部组织的监控量测管理限值动态调整分析会，并提出管理限值调整建议。

4.1.5　浩吉铁路监控量测奖惩措施

各参建单位按照浩吉铁路公司发布的监控量测实施方案组织开展现场监控量测相关工作，各建设指挥部结合自身管段隧道的工程地质条件等实际情况因地制宜、实事求是地制定相关管理实施细则，并对监控量测全过程实施监督考核，考核结果纳入对各参建单位的履约考核。其中，施工单位应严格按照监控量测实施细则认真组织实施，监理单位强化过程监督，设计单位及时跟进调整方案，指挥部根据管理实施细则定期和不定期地对管内隧道施工监控量测工作进行专项检查和考核。

4.1.5.1　一般问题

（1）监测设备不完善，人员数量不足。
（2）数据不及时、不准确。
（3）内业资料不规范。

4.1.5.2　黄牌警告

（1）隧道开挖后未及时埋点且在 24 h 内未取得初始读数，测点破坏后未在 12 h 内补埋量测。
（2）未按规定间距进行量测断面布设。
（3）量测频次不符合要求。
（4）不是由于测点破坏重埋而擅自使用归零功能。
（5）对平台预警信息（包括错误数据产生的假性预警）处理权限和时效不满足规定。
（6）监控量测管理限值不按规范填写或存在任意修改现象。

4.1.5.3　红牌警告

（1）在监控量测过程中存在弄虚作假行为。
（2）预警处理机制不完善，预警后未及时采取有效措施，或措施不当造成更高级别预警。
（3）采用技术手段攻击网站及服务器进行数据篡改。

4.1.5.4　其　他

（1）对于指挥部或监理单位发现的问题，施工单位未按时整改到位的给予一般问题处罚，不整改回复的给予红牌处罚。
（2）在检查过程中发现的其他不合规范的情况，视情节严重程度给予相应处罚。
（3）对于监控量测工作开展规范、效果良好的单位，予以一定奖励措施。

4.1.6　全线监控量成果信息

自 2015 年 3 月开工至全线隧道贯通，全线监测工作面 622 个，布设监测断面 41 482 个、监测测点 118 797 个（现场三台阶法施工的隧道监控量测点布置效果见图 4-7），监控量测数据共计 4 520 010 条，其中:周边收敛 2 159 784 条,拱顶下沉降 1 502 344 条,地表变形 857 882 条。累计发出预警共计 1 330 条,其中：红色预警 266 条,占比 20%；黄色预警 1 064 条,占比 80%。通过监控量测技术和管理的结合，取得了良好的监控量测预警效果，切实保障了隧道施工的安全。

图 4-7　监控量测点布置效果

4.2　隧道施工全过程信息化管理

　　监控量测是隧道工程施工的重要环节，浩吉铁路公司在实现监控量测信息化的同时，推行隧道施工全过程信息化管理。所谓全过程信息化管理，是利用科学的信息化手段对隧道项目施工的各个时期和阶段，尤其是对质量安全有直接影响的事项，进行全面监控和管理，以实现预期管理目标的整个过程。在浩吉铁路公司的支持和重视下，中铁西南院在现行铁路隧道设计、施工、监控量测等标准和广泛征求意见的基础上，借鉴国内外工程施工信息化相关经验，提出全过程信息化管理，着重突出监控量测信息化管理，并在浩吉铁路施工项目中应用，形成了浩吉特色的项目管理方案，充分体现了浩吉铁路施工的先进性和进步性。浩吉铁路隧道信息化管理的重点主要包括：进入隧道人员信息化管理、超前地质预报信息化管理、监控量测信息化管理、断面监测信息化管理、质量检测信息化管理、施工现场视频监控、原材料及半成品质量信息化管理、工程日志信息化管理等。

4.2.1　进入隧道人员信息化管理

4.2.1.1　一般规定

（1）高度及以上风险的铁路隧道工程实行进入隧道人员信息化管理。

（2）进洞人员应按照施工现场管理人员、作业人员及其他进入隧道的人员进行分类管理。施工现场管理人员包括施工单位项目经理、项目技术负责人、安全质量负责人、质检员、专职安全员等和监理单位项目总监理工程师（总监代表）、专业监理工程师、监理员等。施工作业人员包括各工序、各专业作业（含带班）人员。

（3）施工单位应将进入隧道施工现场管理人员、施工作业人员纳入日常进洞管理，其他进入隧道人员纳入临时进洞管理，并派专人定期维护进洞人员信息化相关硬件、软件。

4.2.1.2　信息化技术要求

（1）进入隧道人员应随身佩戴电子标识装置。

（2）读卡器或动态目标识别器的识别范围半径不应少于 15 m，定位精度不应大于 5 m。

（3）读卡器和动态目标识别器安装在隧道洞口处、初期支护和二次衬砌交界处和掌子面附近。

（4）隧道洞口附近设立 LED 显示屏等信息展示装置，动态显示进出洞人数、时间、位置等信息。

（5）进入隧道人员信息化专业软件满足下列功能要求：

① 对当天进入隧道人员的数量及所在区域等情况进行查询显示。

② 对施工作业人员在当前区域的作业时间情况进行查询。

③ 对隧道各区域的施工作业人员分布情况进行查询。

④ 在紧急状况下，能快速汇总、实时查询生成报表和打印以上信息。

⑤ 生成进入隧道人员管理统计表，样表见附录 6。

4.2.2　超前地质预报信息化管理

4.2.2.1　一般规定

（1）高度及以上风险隧道工程宜实行超前地质预报信息化管理。

（2）超前地质预报工作应按照现行《铁路隧道超前地质预报技术规程》（Q/CR 9217）、《铁路隧道监控量测技术规程》（Q/CR 9218）等标准要求实施，并重点对现场调查、采集的原始资料和分析结论等内容进行信息化管理。

（3）超前地质预报承担单位及时对预报信息进行采集、上传，并确保其真实性。

（4）设计单位应通过终端专业软件，及时掌握超前地质预报信息。

（5）建设单位、监理单位应安装专业软件，监督、检查超前地质预报信息化工作。

4.2.2.2　信息化技术要求

（1）超前地质预报信息化采集的数据应包括钻孔资料、数码图像、波形图、判识结论、预报报告和地质素描报告等。

（2）超前地质预报信息化专业软件满足下列功能要求：

① 具备采集数据的输入、输出、查询等功能。

② 根据判识的地质风险级别，实现提醒或预警功能。

③ 具备超前地质预报工作进度管理功能。

④ 具备预报与揭示地质情况对比的功能。

⑤ 生成超前地质预报汇总表，样表见附录 7。

4.2.3　监控量测信息化管理

4.2.3.1　一般规定

（1）全线隧道实行监控量测信息化管理，其内容包括地表下沉、拱顶下沉、净空收敛等必测项目。选测项目或需进行瓦斯及有害气体、水压等特殊目的监测，另行制订相应的数据采集及处理方案，编制相应的专业软件。

（2）监控量测断面及测点布设、监测频率、预警控制值等应按照《蒙西华中铁路隧道施工监控量测实施方案》（蒙华工技〔2016〕92 号）执行。

（3）施工单位应及时采集、上传数据，出现预警时逐级汇报预警原因及处理措施。

（4）设计单位应通过专业软件及时掌握监控量测数据，参与预警反馈及处理。

（5）监理单位、建设单位应通过专业软件及时掌握监控量测数据，监督、检查监控量测信息化工作情况，及时响应预警，并根据预警管理等级采取应对措施。

（6）预警信息的接收人员应根据参建各方管理体系、岗位职责和管理流程确定。

4.2.3.2　信息化技术要求

（1）用于上传数据的终端或其他手持通信设备，应与测量仪器（全站仪、电子水准仪等）固定匹配。

（2）监测项目代号、图例及测点编号，应具有唯一性。监测项目代号及图例应符合附录 8 的规定。

（3）监控量测数据采集应符合下列要求：

① 全站仪、电子水准仪等仪器应具备 R232 接口或蓝牙。

② 移动智能终端操作系统为 andriod 4.0 及以上，应安装监控量测信息化专业软件。

（4）监控量测数据的采集、分析和处理，宜采用图 4-8 所示模式。

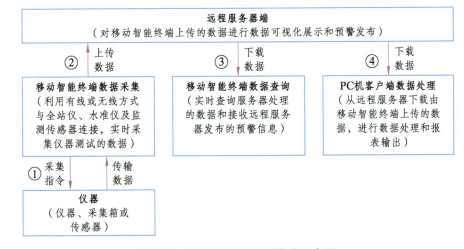

图 4-8　数据分析与处理模式示意图

（5）监控量测信息化专业软件应满足下列功能要求：

① 原始数据的查询功能。

② 输出日报、周报或月报，绘制单点、多点数据趋势图等功能。

③ 预测可能最大变形量，根据监控量测管理等级自动发布预警信息，记录预警处理结果等功能。

④ 测点埋设处初期支护侵限计算、判别及侵限提醒等功能。

⑤ 具备监控量测工作进度管理功能。

⑥ 生成监控量测汇总表，见附录9。

⑦ 现场设置监控量测公示牌，实时反馈监控量测数据和预警情况等，如图 4-9 所示，样表见附录5。

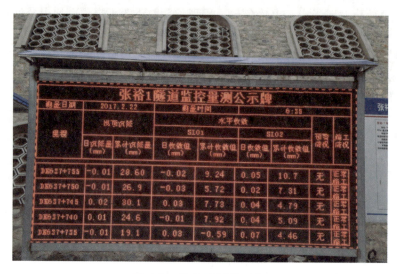

图 4-9　监控量测公示牌

4.2.4　断面检测信息化管理

4.2.4.1　一般规定

（1）全线隧道工程实行断面检测信息化管理。

（2）断面检测的检验方法、检验数量等工作可按照现行《铁路隧道工程施工质量验收标准》（TB 10417）、《高速铁路隧道工程施工质量验收标准》（TB 10753）执行。

（3）断面检测信息化管理应包括下列内容：

① 拱墙、仰拱（底板）开挖内轮廓的检测。

② 拱墙、仰拱初期支护内轮廓的检测。

③ 仰拱（底板）浇筑混凝土厚度的检测。

④ 二次衬砌内轮廓的检测。

（4）施工单位应及时采集、上传断面检测数据。出现相应轮廓或厚度不满足设计要求时，应逐级汇报原因，采取处理措施。

（5）监理单位、建设单位应通过专业软件及时掌握断面检测结果，监督、检查断面检测信息化工作情况，并根据侵限程度或厚度不足等情况采取相应措施。

4.2.4.2　信息化技术要求

（1）施工单位应配备足够数量能实现自动数据采集的激光断面检测仪器或三维激光扫描仪等，其仪器性能、精度可根据工程特点选取。

（2）开挖及支护断面检测信息化专业软件应满足下列功能要求：

① 原始数据的查询功能。

② 开挖、衬砌的设计与实测内轮廓的绘制、对比分析等功能。

③ 侵限信息的统计、提醒等功能。

④ 生成开挖及支护断面检测汇总表，见附录 10。

4.2.5 质量检测信息化管理

4.2.5.1 一般规定

（1）全线隧道工程应对质量检测实行信息化管理。

（2）质量检测的无损检测方法应符合现行《铁路隧道衬砌质量无损检测规程》（TB 10223）相关要求。

（3）质量检测信息化管理应包含下列内容：

① 初期支护混凝土强度、密实情况、钢架间距。

② 二次衬砌混凝土强度、厚度、钢筋分布、密实情况。

③ 隧底结构厚度、强度、密实情况。

（4）质量检测单位应及时输入、上传质量检测信息。

（5）建设单位、监理单位应通过信息化专业软件，监督、检查质量检测信息化工作，及时掌握质量检测情况，处理有关问题。

4.2.5.2 信息化技术要求

（1）质量检测信息化采集的数据应包括数码图像、波形图、判识结论、检测报告等。

（2）质量检测信息化专业软件应满足下列功能要求：

① 检测方法、仪器、人员、单位等信息的输入、查询功能。

② 检测数据的输入、查询功能。

③ 生成质量检测统计表，见附录 10。

4.2.6 施工（监理）日志信息化管理

4.2.6.1 一般规定

（1）铁路隧道工程可根据项目特点实行施工（监理）日志信息化管理。

（2）施工（监理）日志填写内容应符合现行《铁路建设项目资料管理规程》（TB 10443）的规定。

（3）下列人员的施工（监理）日志宜进行信息化管理：

① 施工单位隧道工点技术负责人或工程师。

② 监理单位隧道工点专业工程师。

（4）施工单位、监理单位应通过信息化专业软件及时上传日志信息。

（5）监理单位应监督、检查施工日志填报工作。

（6）建设单位应监督、检查施工日志、监理日志填报工作。

4.2.6.2　信息化技术要求

（1）施工（监理）日志信息化内容可包括文字、表格、图片、声音、视频等信息。

（2）施工（监理）日志信息化专业软件应满足下列功能要求：

① 具备各项内容的输入、补填、修改、查询等功能。

② 工点开工、停工等状态管理的功能。

③ 查询质量、安全事故问题库及整改闭合情况的功能。

④ 生成施工、监理日志统计表，见附录11。

4.2.7　原材料及半成品质量信息化管理

4.2.7.1　一般规定

（1）原材料及半成品质量管理信息化应包括下列内容：

① 拌和站拌和的混凝土半成品。

② 原材料及半成品工地试验室压力机、万能试验机试验信息。

③ 其他重要原材料。

（2）拌和站混凝土生产信息和压力机、万能试验机试验信息应采用专业终端软件实现自动传输。其他不能自动生成传输的原材料质量信息，施工单位应及时输入、上传。

（3）建设单位、监理单位应通过信息化专业软件，监督、检查原材料及半成品质量管理信息化工作，及时掌握质量信息，对数据异常采取处理措施。

4.2.7.2　信息化技术要求

（1）混凝土拌和站拌和机、工地试验室压力机及万能试验机应具有数据通信功能。

（2）原材料及半成品质量信息化专业软件应满足下列功能要求：

① 查询原始数据的功能。

② 分类汇总原材料进场数量，输出原材料进场台账的功能。

③ 统计各种原材料计量偏差，对计量偏差进行提醒（预警）的功能。

④ 生成原材料、半成品质量信息化统计表，见附录12。

4.2.8　视频监控

4.2.8.1　一般规定

（1）高度及以上风险铁路隧道实行视频监控管理。

（2）视频监控信息化工作应包括监控布置设计、设备安装、视频存储、维护措施、信息反馈等内容。

4.2.8.2　信息化技术要求

（1）视频采集设备安装在隧道洞口、掌子面和特殊作业场所。

（2）视频监控采用建设单位监控室、施工单位项目部监控室、工点监控室模式部署，并支持对多个用户请求的同一路视频数据进行分发和转发。

（3）视频监控根据需要搭建网络环境，选择视频传输分辨率。视频监控软件应满足下列功能要求：

① 增加、修改、删除、查询设备的基本配置、用户信息、设备信息等功能。

② 图像的采集，视频的处理、实时监视、回放、分发及转发，云台控制，视频内容的分析、告警、处理，系统互联及设备管理等功能。

③ 通过用户终端（PC 机和移动智能客户端）调用实时和历史视频图像，可对重要视频图像进行人工存储的功能。

4.3　隧道监测标准及预警值动态调整探讨

在监控量测数据分析结束后，如何把分析结果准确地反馈于设计和施工，以避免一些工程事故，是监控量测工作和信息管理系统不可缺少的内容。这就需要工程人员确定一个险情预报标准，也就是变形界限值。到底标准定成多大才是合理、可靠的，一直是工程界研究的难点，目前隧道施工规范也还没有明确作出规定。如果险情预报标准定得过高（即容许变形速率过小），可能会对不需要加固的围岩采取加固措施，导致工程费用的增加；如果过低，则有可能对需要加固的地方没有采取相应的加固措施，从而引发安全事故。

4.3.1　预报标准的指标

从国内外的研究情况来看，隧道预报标准的确定方法一般可以分为理论反馈法和经验反馈法。目前，实际工程中以经验反馈法用得比较多，此法以现场监测为基础，其核心是根据工程经验建立一些预报标准来直接以变形量测结果或经过预测分析变形数据来判断围岩的稳定性和支护结构的工作状态。在施工监测过程中，调整支护参数和采取相应的施工技术措施的依据是变形数据"异常"现象的出现。在具体施工过程中，位移监测一般作为施工监控的依据，即通过位移量和位移速率或与位移有关的量来判断围岩和支护结构的稳定性。目前，隧道施工常以围岩变形速率容许值、隧道围岩变形位移加速度、隧道围岩变形速率比值、围岩位移容许值作为险情预报标准确定的指标。

4.3.1.1　以围岩变形速率容许值为预报指标

总的来说，以围岩变形速率容许值为预报指标还没有统一的标准。美国有些工程对容许速率的规定是在开挖后的第 1 天围岩位移量不能超过容许位移量的 1/5~1/4，第 1 周内平均每天的位移量不大于容许位移量的 1/2（约 0.63 mm）[20]；日本隧道标准规范规定，采用短台阶开挖时，不论复线隧道还是单线隧道，最大位移速率为 20 mm/d；西坪隧道和金竹林隧道及麻栗场隧道以 10 mm/d 作为失稳的初步预报值；徐世强等[21]认为Ⅰ～Ⅲ级围岩的周边收敛值在开挖 1 周内（后）的变形速率界限值为 15 mm/d（7 mm/d），拱顶下沉值开挖 1 周内（后）的变形速率界限值为 7 mm/d（3 mm/d）。

4.3.1.2　以围岩变形位移加速度分析（位移时态曲线分析）为预报指标

（1）当位移速率逐渐变小（加速度为负），即 $d^2u/dt^2<0$ 时，时态曲线趋于平缓，明围岩变形趋于稳定，可以正常施工（安全阶段）。

（2）当位移速率不变（加速度为 0），即 $d^2u/dt^2=0$ 时，时态曲线直线上升，表明围岩变形急剧增长，无稳定趋势，应及时加强支护，必要时暂停掘进（过渡阶段）。

（3）当位移速率逐渐增大（加速度为正），$d^2u/dt^2>0$，时态曲线出现反弯点，表明围岩已处于不稳定状态，应停止掘进，及时采取加固措施（危险阶段）。

4.3.1.3　以围岩变形速率比值为预报指标

围岩变形速率比值是指预设计的初期支护全部施加后的围岩变形速率 v 与本断面实测围岩变形速率最大值 v_0 的比值，由李世辉[22]提出。以围岩变形速率比值为预报指标制定预报标准，也即是在施工监测工程中控制其值不大于由典型工程监控量测统计得出的阈值。肖勃[23]通过对一些量测资料进行分析后得出围岩稳定的阈值大约为 10%，并在此基础上建立了隧道围岩施工变形监测基准。

4.3.1.4　以围岩位移容许值为预报指标

目前，已有不少国家或学者对围岩位移容许值或极限值的确定做了相关的研究，如：法国 M.Louis 认为最大容许位移随埋深而异，大约为埋深的 1‰；奥地利的阿尔贝格隧道以隧道半径的 10%或锚杆长度的 10%为净空变化的允许值，并认为控制在 300 mm 以内为最佳；表 4-13 为法国工业部在 1974 年对横断面积为 50～100 m² 的坑道制定的拱顶下沉控制值[24]；我国《铁路隧道监控量测技术规程》（TB 10121—2007）中 4.5.2 条对预警标准作了规定，见表 2-12～表 2-14。

表 4-13　法国工业部 1974 年制定的拱顶下沉控制值

隧道埋深/m	拱顶下沉/cm	
	硬　岩	软　岩
10～50	1～2	2～5
50～500	2～6	10～20
>500	6～12	20～40

4.3.1.5　浩吉铁路预报指标选择

由于不同隧道工点的地质条件、水文环境及施工、监测方法都不尽相同，不可能所有的隧道都采用一种指标作为确定预报标准的指标，也不可能采用同一预报标准来反映围岩和支护结构的稳定状态。即便是通过条件相近的隧道工点施工监测所得到的围岩变形值统计资料，也不能直接应用到其他工程中去，而是为下个量测断面围岩和支护的稳定性判别提供参考。

在实际应用中，预报指标的选择需要根据具体的工程施工状况，结合以往的工程经验共同确定。根据力学原理，以变形加速度为围岩监测预报标准最能反映围岩变形的实际情况，但实际施工中加速度比较难以测量；变形速率比值指标虽含有加速度因素，但需要与其他指标共同使用，故目前监测预报标准多以围岩变形值或变形速率为主，即当围岩变形量或变形速率超过某一数值时，即认为岩体已发生破坏。但从已有的工程实例来看，用围岩变形值或变形速率指标确定预报标准还存在不足：一是对于软弱围岩常常效果不佳；二是在隧道开挖与支护初期，围岩稳定性主要由围岩变形加速度决定。

因此，浩吉铁路公司编制的《蒙西华中铁路隧道施工监控量测实施方案》结合了变形总量、变形速率、初期支护表观现象和变形时态曲线等四项对隧道施工安全进行综合等级管理。在铁路隧道施工过程中，采用多个预报指标综合评估，可以相互印证以提升信息反馈准确性，对这些指标进行综合分析，再结合隧道施工的相关工程经验、地质条件等，对相关人员进行严格管理，克服人为归零误操作，并不断在实际施工中对预报标准加以调整，使之更好地服务于铁路隧道施工。

4.3.2　监控量测预警值动态调整探讨

2014 年 4 月 11 日，中国铁路总公司工程管理中心组织编写了《铁路隧道监控量测标准化管理实施意见》，并将该方案应用于宝兰客专、西成客专、成贵铁路、赣龙铁路等项目的数据统计与分析。2015 年，浩吉铁路公司结合浩吉铁路实际和既有工程项目经验，组织编制了《蒙西华中铁路隧道施工监控量测实施方案（试行）》并于 8 月 25 日在浩吉铁路全线试行。随着浩吉铁路隧道项目工程进展的不断深入，试行方案在项目实际应用中效果良好，但仍有部分内容有进一步调整优化空间。为此，浩吉铁路公司于 2016 年 7 月 13 日正式发布了《蒙西华中铁路隧道施工监控量测实施方案》，为浩吉铁路隧道监控量测工作提供了一个更为科学、适用的操作标准。

4.3.2.1　中国铁路总公司《铁路隧道监控量测标准化管理实施意见》（2014 年发布）中关于位移管理等级及措施对应的规定（表 4-14、表 4-15）

表 4-14　位移管理等级　　　　　　单位：mm

围岩级别	安全等级			备　注
	正常（绿色）	预警二级（黄色）	预警一级（红色）	
Ⅲ	<40	40～80	>80	不包括高地应力软岩和膨胀岩隧道
Ⅳ	<50	50～100	>100	
Ⅴ、Ⅶ	<75	75～150	>150	

注："～"含义为包括上、下限值。

表 4-15　措施对应表

安全等级	处理措施
正常（绿色）	正常施工
预警二级（黄色）	加强监测，必要时采取网喷混凝土等措施进行补强
预警一级（红色）	暂停施工，增设横、竖支撑进行抢险，后续施工时，应加强支护，调整施工工法

4.3.2.2　浩吉铁路公司《蒙西华中铁路隧道施工监控量测实施方案（试行）》（2015 年发布）中关于变形管理的规定（表 4-16～表 4-20、图 4-5）

表 4-16　一般地段变形总量管理等级

管理等级			变形总量/mm		
			正常（绿色）	预警二级（黄色）	预警一级（红色）
拱顶下沉	单线正洞单车道辅助坑道	III	<20	20～25	≥25
		IV	<48	48～64	≥64
		V	<60	60～80	≥80
	双线正洞双车道辅助坑道	III	<25	25～35	≥35
		IV	<72	72～96	≥96
		V	<90	90～120	≥120
水平收敛	单线正洞单车道辅助坑道	III	<10	10～15	≥15
		IV	<30	30～45	≥45
		V	<40	40～55	≥55
	双线正洞双车道辅助坑道	III	<10	10～15	≥15
		IV	<35	35～50	≥50
		V	<45	45～60	≥60

注：本表所建议变形总量管理等级应结合现场施工情况进行动态调整。

表 4-17　台阶法开挖时拱顶下沉和水平收敛变形总量管理值分配

工法	基准值		
	分部 1	分部 2	分部 3
台阶法	40%	70%	—
三台阶法	30%	50%	70%

注：本表按隧道各分部开挖工序制定，其中数据为各分部累计变形量相对于对应变形总量的百分比。

表 4-18　黄土地段变形总量管理等级

管理等级		变形总量/mm		
		正常（绿色）	预警二级（黄色）	预警一级（红色）
拱顶下沉	Ⅳ	<90	90～120	≥120
	Ⅴ	<110	110～150	≥150
水平收敛	Ⅳ	<35	35～50	≥50
	Ⅴ	<45	45～60	≥60

注：本表所建议变形总量管理等级不包含特殊施工工法（如预切槽法等），并应结合现场施工情况进行动态调整。

表 4-19　一般地段变形速率管理等级

管理等级			变形速率/（mm/d）		
			正常（绿色）	预警二级（黄色）	预警一级（红色）
开挖过程中	拱顶下沉	单线正洞 单车道辅助坑道	<4.0	4.0～8.0	≥8.0
		双线正洞 双线道辅助坑道	<5.0	5.0～10.0	≥10.0
	水平收敛	单、双线正洞 单、双车道辅助坑道	<3.0	3.0～6.0	≥6.0
低拱封闭后	拱顶下沉 水平收敛	单、双线正洞 单、双车道辅助坑道	<2.0	2.0～4.0	≥4.0

注：本表所建议变形速率管理等级应结合现场施工情况进行动态调整。

表 4-20　黄土地段变形速度管理等级

管理等级			变形速率/（mm/d）		
			正常（绿色）	预警二级（黄色）	预警一级（红色）
开挖过程中	拱顶下沉	Ⅳ	<10.0	10.0～20.0	≥20.0
		Ⅴ	<15.0	15.0～30.0	≥30.0
	水平收敛	Ⅳ、Ⅴ	<5.0	5.0～10.0	≥10.0
低拱封闭后	拱顶下沉 水平收敛	Ⅳ、Ⅴ	<2.0	2.0～4.0	≥4.0

注：本表所建议变形总量管理等级不包含特殊施工工法（如预切槽法等），并应结合现场施工情况进行动态调整。

4.3.2.3　浩吉铁路公司《蒙西华中铁路隧道施工监控量测实施方案（正式）》（2016 年发布）关于变形管理的规定

浩吉铁路公司《蒙西华中铁路隧道施工监控量测实施方案（正式）》（2016 年发布）中关于变形管理的规定如表 4-6～表 4-10 和图 4-5 所示。

4.3.2.4　分析探讨

通过上述三个文件在监控量测预警值方面的对比，可以发现以下几个特点：一是浩吉铁路监控量测实施方案预警值要普遍大于铁路隧道监控量测规程中的对应预警值；二是浩吉铁路监控量测实施方案预警区分了一般地段（石质）和黄土地段预警值，且在一般地段对单线和双线隧道作了进一步区分；三是浩吉铁路监控量测实施方案增加了变形速率预警，主要差别如表 4-21 所示。

表 4-21　监控量测预警值对比表

变化类别	铁总数值	蒙华数值（试行）	蒙华数值（正式）
变形总量	相对较小	黄土地段增大，一般地段减小	黄土地段进一步增大，一般地段进一步减小
变形速率	没有要求	加入速率值预警，区分一般地段和黄土地段	加入速率值预警，区分一般地段和黄土地段且预警值增大

中国铁路总公司和浩吉铁路公司组织编写的监控量测实施文件，都是由专业人员编写，经过深入调研和专家论证，并在施工现场成功实施应用的，那么是什么原因让二者的预警值差别较大呢？通过分析，我们可以将蒙华预警值较铁总预警值大的主要原因归纳如下：

（1）以往的铁路隧道建设施工过程中初期支护以型钢钢架为主，架设后能较快地提供对围岩的早期支撑作用。但由于型钢钢架安装困难、不易与开挖面密贴且型钢钢架刚度大，故承受围岩荷载后钢架本身产生的形变相对较小。浩吉铁路全线使用格栅钢架，质量轻，安装快，能够在开挖后快速与围岩紧密贴合，体现了新奥法理念初期支护与围岩密贴成为受力整体的要求，从而使得监控量测测点数据真实体现出围岩变化，为后续施工安全判断和方法选择提供更可靠的依据。

（2）在隧道开挖后，不同地质条件的围岩因应力重分布所产生的沉降、收敛形变是不同的，尤其是对于石质隧道与土质隧道，差别尤为明显。浩吉铁路隧道黄土隧道占比较大，从监控量测工作伊始就设置了与石质隧道不同的预警值。但即使如此，在一年多的实际应用过程中，依然出现了较多的假性预警，即形变已到达预警值但隧道结构正常，故浩吉铁路公司在发布正式版监控量测实施方案时进一步增大了黄土隧道的预警值，后续应用效果良好。

（3）目前，监测预报标准多以围岩变形量或变形速率为主，即当围岩变形总量或变形速率超过某一数值时，即认为岩体已发生破坏。但从已有的工程实例来看，用围岩变形值或变形速率指标确定预报标准是存在不足的。因此，浩吉铁路公司编制的《蒙西华中铁路隧道施工监控量测实施方案》结合了变形总量、变形速率、初期支护表观现象和变形时态曲线等四项对隧道施工安全进行综合等级管理，以提升信息反馈准确性。

典型隧道变形分析

5.1　概　述

　　浩吉铁路隧道施工监控量测信息化管理主要分为两大部分内容，总结起来就是"硬件"与"软件"的结合。"硬件"是"隧道施工监控量测信息化管理系统"（TGMIS），"软件"是与之配套的信息化管理方案，两者结合能够取得理想的管理效果。因此，浩吉铁路严格按照全过程信息化管理和动态安全管理要求，制订科学合理的监控量测方案，充分利用信息化手段（监控量测平台），建立各级管理层信息共享的纽带和桥梁，补齐管理短板，强化安全意识，确保隧道施工监控量测工作的全面落实，真正起到其应有的作用。本章通过对浩吉铁路相关案例的分析，充分展示监控量测信息化取得的效果和相关管理措施，为今后类似工程提供经验参考。

5.2　浩吉铁路围岩变形统计

5.2.1　双线黄土地段隧道变形统计分析

5.2.1.1　按照埋深分类统计

1. Ⅳ级黄土隧道

（1）Ⅳ级黄土隧道变形最大值随埋深分布规律如图 5-1 和表 5-1 所示。

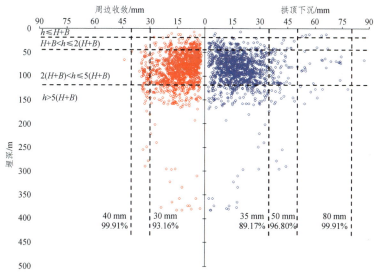

图 5-1　Ⅳ级双线黄土隧道变形最大值随埋深分布规律

表 5-1 Ⅳ级双线黄土隧道变形最大值按照埋深分类统计分析

项目	埋深	范围/mm	< 10	< 20	< 30	<35	< 40	< 50	< 60	< 70	< 80	< 90
拱顶下沉	$h\leq H+B$	累计比例/%	33.33	60.00	66.67	66.67	66.67	66.67	86.67	100.00	—	—
	$H+B<h\leq 2(H+B)$	累计比例/%	34.17	65.00	81.67	87.50	90.83	97.50	98.33	100.00	—	—
	$2(H+B)<h\leq 5(H+B)$	累计比例/%	15.48	55.74	83.80	90.57	94.56	97.46	98.43	99.03	99.88	100.00
	$h>5(H+B)$	累计比例/%	23.78	53.05	75.61	85.37	89.63	95.73	97.56	99.39	100.00	—
周边收敛	$h\leq H+B$	累计比例/%	46.67	86.67	100.00	—	—	—	—	—	—	—
	$H+B<h\leq 2(H+B)$	累计比例/%	53.33	87.50	97.50	100.00	—	—	—	—	—	—
	$2(H+B)<h\leq 5(H+B)$	累计比例/%	37.73	77.51	93.59	99.64	99.88	100.00	—	—	—	—
	$h>5(H+B)$	累计比例/%	27.44	66.46	87.20	100.00	—	—	—	—	—	—

由图 5-1 和表 5-1 可以看出：

① Ⅳ级黄土主要分布在 25～150 m 埋深。

② Ⅳ级黄土隧道变形较小，拱顶下沉最大值为 87 mm，周边收敛最大值为 44.06 mm。拱顶下沉集中分布在 50 mm 以内，占比 96.80%；周边收敛集中分布在 35 mm 以内，占比 99.73%。

③ 拱顶下沉值大于 70 mm 的断面分布在大于 2(H+B)埋深的隧道中，周边收敛值超过 35 mm 的断面也分布在这一埋深的隧道中。

④ 对于同一断面而言，拱顶下沉普遍大于周边收敛；拱顶下沉和周边收敛随埋深分布离散性较大，无显著规律。

（2）Ⅳ级黄土隧道变形速率最大值随埋深分布规律如图 5-2 和表 5-2 所示。

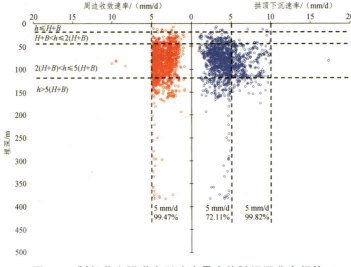

图 5-2 Ⅳ级黄土隧道变形速率最大值随埋深分布规律

表 5-2　Ⅳ级双线黄土隧道变形速率最大值按照埋深分类统计分析

项目	埋深	范围/(mm/d)	<2	<3	<4	<5	<6	<8	<10	<15	<20
拱顶下沉	$h \leq H+B$	累计比例/%	6.67	26.67	66.67	80.00	80.00	86.67	100.00	—	—
	$H+B<h \leq 2(H+B)$	累计比例/%	7.50	25.00	53.33	82.50	89.17	95.00	100.00	—	—
	$2(H+B)<h \leq 5(H+B)$	累计比例/%	4.47	21.77	43.29	68.80	80.29	92.74	99.76	99.88	100.00
	$h>5(H+B)$	累计比例/%	7.32	24.39	42.07	80.49	87.20	95.73	100.00	—	—
周边收敛	$h \leq H+B$	累计比例/%	6.67	60.00	80.00	100.00	—	—	—	—	—
	$H+B<h \leq 2(H+B)$	累计比例/%	15.00	45.83	65.83	100.00	—	—	—	—	—
	$2(H+B)<h \leq 5(H+B)$	累计比例/%	7.01	29.63	54.66	99.40	99.52	99.52	99.88	100.00	—
	$h>5(H+B)$	累计比例/%	7.32	33.54	49.39	99.39	100.00	—	—	—	—

由图 5-2 和表 5-2 可以看出：

① Ⅳ级黄土隧道拱顶下沉和周边收敛变形速率分布集中在 10 mm/d、5 mm/d 以内。

② 27.99%的断面拱顶下沉速率大于 5 mm/d，该部分断面分布在大于 2(H+B)埋深的隧道中，这一规律与拱顶下沉最大值的分布规律一致。

2. Ⅴ级黄土隧道

（1）Ⅴ级双线黄土隧道变形最大值随埋深分布规律如图 5-3 和表 5-3 所示。

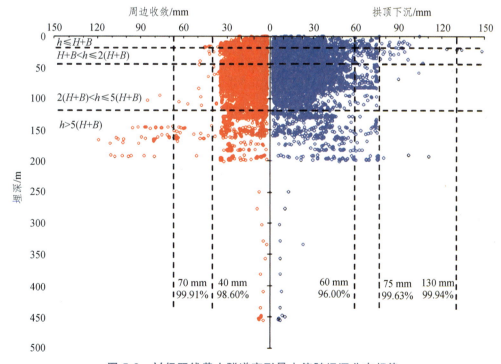

图 5-3　Ⅴ级双线黄土隧道变形最大值随埋深分布规律

表 5-3　Ⅴ级双线黄土隧道变形最大值按照埋深分类统计分析

项目	埋深	范围/mm	< 20	< 30	< 45	< 60	< 80	< 100	< 110	< 120	< 130	< 140	< 150
拱顶下沉	$h \leq H+B$	累计比例/%	50.54	71.63	88.78	94.79	98.38	99.55	99.64	99.64	99.73	99.91	100.00
	$H+B<h\leq 2(H+B)$	累计比例/%	52.21	75.59	92.39	96.82	99.45	99.93	100.00	—	—	—	—
	$2(H+B)<h \leq 5(H+B)$	累计比例/%	48.60	74.58	91.54	96.79	99.92	99.96	100.00	—	—	—	—
	$h>5(H+B)$	累计比例/%	32.59	49.88	78.02	90.86	99.01	99.51	99.75	100.00	—	—	—
周边收敛	$h \leq H+B$	累计比例/%	85.37	96.41	99.82	100.00	—	—	—	—	—	—	—
	$H+B<h\leq 2(H+B)$	累计比例/%	85.13	97.03	99.86	100.00	—	—	—	—	—	—	—
	$2(H+B)<h \leq 5(H+B)$	累计比例/%	70.87	93.25	99.72	99.88	99.96	100.00	—	—	—	—	—
	$h>5(H+B)$	累计比例/%	46.65	73.45	86.10	87.84	94.04	97.77	99.26	100.00	—	—	—

由图 5-3 和表 5-3 可以看出：

① Ⅴ级黄土主要分布在 200 m 埋深以内。

② 拱顶下沉和周边收敛的最大值分别是 148.2 mm、119.2 mm；拱顶下沉集中分布在 60 mm 内，占比 96.00%；周边收敛集中分布在 40 mm 以内，占比 98.60%；拱顶下沉普遍大于周边收敛值。

③ 拱顶下沉超过 75 mm 的断面集中在埋深小于 2(H+B)的隧道中，台阶法施工在开挖阶段对黄土的扰动较大，因此浅埋黄土隧道拱顶下沉比较大。因此，对于浅埋隧道施工要控制周边位移。

④ 拱顶下沉值超过 75 mm 的断面集中在埋深大于 5(H+B)的隧道中，主要是阳山隧道出口段和郑庄隧道斜井正洞小里程方向，这些断面的含水量较高，大部分超过16%，因此变形较大。

⑤ 拱顶下沉和水平收敛普遍都比较小。这是由于黄土隧道地质条件的特殊性，各施工单位比较重视，黄土隧道施工技术日益成熟，施工过程中对黄土隧道变形的控制比较好，黄土隧道的变形比较小。

（2）Ⅴ级黄土隧道变形速率最大值随埋深分布规律如图 5-4 和表 5-4 所示。

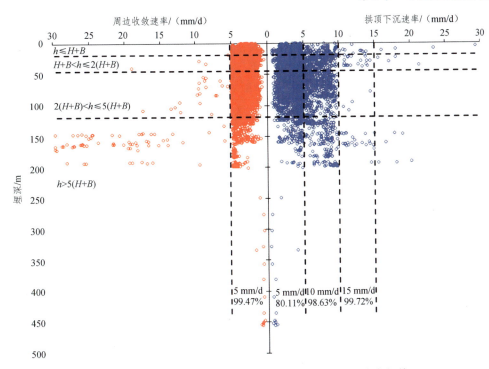

图 5-4　Ⅴ级双线黄土隧道变形速率最大值随埋深分布规律

表 5-4　Ⅴ级双线黄土隧道变形速率最大值按照埋深分类统计分析

项目	埋深	范围/(mm/d)	<2	<3	<4	<5	<6	<8	<10	<15	<20	<25	<30
拱顶下沉	$h \leq H+B$	累计比例/%	5.66	34.11	58.80	85.19	87.70	92.64	98.03	99.46	99.82	99.91	100.00
	$H+B<h \leq 2(H+B)$	累计比例/%	6.43	37.00	65.21	85.96	89.21	95.02	98.89	99.86	99.93	100.00	—
	$2(H+B)<h \leq 5(H+B)$	累计比例/%	7.61	34.95	57.81	80.68	85.80	92.88	99.84	100.00	—	—	—
	$h>5(H+B)$	累计比例/%	7.44	14.14	23.82	41.69	48.64	66.00	92.06	98.26	99.75	100.00	—
周边收敛	$h \leq H+B$	累计比例/%	15.44	61.94	80.52	99.91	100.00	—	—	—	—	—	—
	$H+B<h \leq 2(H+B)$	累计比例/%	12.86	58.78	81.26	99.79	99.79	99.79	99.93	99.93	100.00	—	—
	$2(H+B)<h \leq 5(H+B)$	累计比例/%	12.41	49.92	74.41	99.19	99.23	99.43	99.80	99.96	100.00	—	—
	$h>5(H+B)$	累计比例/%	7.20	23.08	42.68	84.12	84.12	84.62	85.11	86.35	91.81	94.29	100.00

由图 5-4 和表 5-4 可以看出：

① 拱顶下沉速率集中分布在 10 mm/d 以内，占比 98.63%；周边收敛速率集中分布在 5 mm/d 以内，占比 99.47%。

② 拱顶下沉变形速率超过 10 mm/d 的断面集中分布在埋深小于 2(H+B) 和大于 5(H+B) 的隧道中。前者是由于埋深较浅变形速率较大；后者是由于含水量较高，大部分含水量超过 16%。

③ 周边收敛变形速率超过 10 mm/d 的断面集中分布在埋深大于 2(H+B) 的隧道中，该部分断面含水量较高，大部分含水量超过 16%。这一规律与周边收敛最大值的分布规律一致。

④ 含水量对隧道变形及变形速率的影响较大，应对变形值按照含水量不同进行分类研究。

5.2.1.2 按照含水量分类统计

1. Ⅳ级黄土隧道

由 5.2.1.1 节可知含水量对隧道变形及变形速率的影响较大，因此对变形值按照含水量不同进行分类研究，如表 5-5 和表 5-6 所示。

表 5-5 Ⅳ级双线黄土隧道变形最大值按照含水量统计分析

项目	含水量/%	范围/mm	< 10	< 20	< 30	<35	< 40	< 50	< 60	< 70	< 80	< 90
拱顶下沉	<8	累计比例/%	58.33	83.33	94.44	97.22	97.22	100.00	—	—	—	—
	8～16	累计比例/%	16.60	56.76	83.26	90.79	94.42	97.35	98.47	99.16	100.00	
	>16	累计比例/%	19.57	53.08	78.82	85.25	90.08	95.44	97.32	99.20	99.73	100.00
周边收敛	<8	累计比例/%	44.44	80.56	100.00	—	—	—				
	8～16	累计比例/%	41.14	83.12	96.23	100.00	—	—				
	>16	累计比例/%	31.37	65.15	86.60	99.20	99.73	100.00				

表 5-6 Ⅳ级双线黄土隧道变形速率最大值按照含水量统计分析

项目	含水量/%	范围/(mm/d)	< 2	< 3	< 4	< 5	< 6	< 8	< 10	< 15	< 20
拱顶下沉	小于8	累计比例/%	11.11	44.44	80.56	88.89	97.22	97.22	100.00	—	—
	8～16	累计比例/%	4.18	21.76	44.77	72.94	82.85	94.00	99.72	99.86	100.00
	>16	累计比例/%	6.70	21.98	40.48	68.90	79.62	91.69	100.00	—	—
周边收敛	<8	累计比例/%	27.78	58.33	94.44	100.00	—				
	8～16	累计比例/%	7.39	34.17	57.32	99.16	99.44	99.44	99.86	100.00	
	>16	累计比例/%	6.97	26.27	47.99	100.00					

由表 5-5 和表 5-6 可以看出：

（1）在Ⅳ级双线黄土条件下，含水量低于 8%时，拱顶下沉和周边收敛的最大值分别是 43 mm、27.69 mm，拱顶下沉和周边收敛变形速率的最大值分别是 8.4 mm/d、4.67 mm/d；含水量在 8%～16%时，拱顶下沉和周边收敛的最大值分别是 74.4 mm、34.67 mm，拱顶下沉和周边收敛变形速率的最大值分别是 17.03 mm/d、10.02 mm/d；含水量超过 16%时，拱顶下沉和周边收敛的最大值分别是 87 mm、44.06 mm，拱顶下沉和周边收敛变形速率的最大值分别是 9.8 mm/d、4.99 mm/d。

（2）在Ⅴ级双线黄土条件下，含水量低于 8%时，拱顶下沉和周边收敛的最大值分别是

72.6 mm、36.05 mm，拱顶下沉和周边收敛变形速率的最大值分别是 13 mm/d、5.48 mm/d；含水量在 8%～16%时，拱顶下沉和周边收敛的最大值分别是 123.6 mm、119.5 mm，拱顶下沉和周边收敛变形速率的最大值分别是 29.3 mm/d、29.8 mm/d；含水量超过 16%时，拱顶下沉和周边收敛的最大值分别是 148.2 mm、110.86 mm，拱顶下沉和周边收敛变形速率的最大值分别是 21.4 mm/d、29.8 mm/d。

（3）随着含水量的增加，隧道变形增大，变形速率增大；但是含水量超过 16%时，变形增大不是很明显，这是由于含水量高于 16%时，采用帷幕注浆、水平旋喷桩、真空（深孔）降水、地表水泥土搅拌桩、地表袖阀管注浆加固等措施，提前加固围岩，效果显著。

2. Ⅴ级黄土隧道

Ⅴ级双线黄土隧道变形和变形速率随含水量不同的分布规律如表 5-7 和表 5-8 所示。

表 5-7　Ⅴ级双线黄土隧道变形最大值按照含水量统计分析

项目	含水量/%	范围/mm	<20	<30	<45	<60	<80	<100	<110	<120	<130	<140	<150
拱顶下沉	<8	累计比例/%	47.77	74.05	94.00	98.22	100.00	—	—	—	—	—	—
	8～16	累计比例/%	53.09	75.57	90.79	96.02	99.36	99.86	99.96	99.96	100.00	—	—
	>16	累计比例/%	40.92	64.61	85.76	93.97	99.13	99.71	99.71	99.78	99.78	99.93	100.00
周边收敛	<8	累计比例/%	73.24	95.13	100.00	—	—	—	—	—	—	—	—
	8～16	累计比例/%	80.97	94.95	98.97	99.36	99.61	99.82	99.93	100.00	—	—	—
	>16	累计比例/%	67.73	88.81	97.24	97.53	98.98	99.71	99.93	100.00	—	—	—

表 5-8　Ⅴ级双线黄土隧道变形速率最大值按照含水量统计分析

项目	含水量/%	范围/(mm/d)	<2	<3	<4	<5	<6	<8	<10	<15	<20	<25	<30
拱顶下沉	<8	累计比例/%	6.16	39.17	71.86	93.84	95.13	98.30	99.84	100.00	—	—	—
	8～16	累计比例/%	7.47	38.66	61.10	81.29	85.53	91.96	98.79	99.82	99.93	99.96	100.00
	>16	累计比例/%	6.32	18.97	37.14	65.41	72.24	84.08	97.24	99.27	99.85	100.00	—
周边收敛	<8	累计比例/%	13.30	56.53	85.89	99.92	100.00	—	—	—	—	—	—
	8～16	累计比例/%	13.90	61.02	78.13	98.72	98.76	98.90	99.15	99.36	99.61	99.68	100.00
	>16	累计比例/%	9.96	32.49	59.38	96.29	96.29	96.51	96.95	97.17	98.40	98.98	100.00

5.2.2 双线黄土隧道预留变形量统计分析

通过 5.2.1 节的统计分析可知，对于同一断面而言，拱顶下沉普遍大于周边收敛，预留变形量的取值以拱顶下沉变形值为基准。

由于隧道支护与黄土地层相互作用关系的复杂性以及与隧道初期支护变形相关因素的不确定性，现场实测数据或多或少会有一定程度的离散性。为考虑这些因素得出与现场条件相匹配的预留变形量，需采用一定保证率条件下的范围值。当给定的预留变形量对应保证率大于 95%时，认为该预留变形是合适的。

（1）Ⅳ级围岩隧道预留变形量。

由 5.2.1 节的统计分析可知，在Ⅳ级围岩条件下，以拱顶下沉量测数据为依据，当设计预留变形量分别取 50 mm、60 mm、70 mm、80 mm 和 90 mm 时，其保证率分别为 96.80%、98.13%、99.20%、99.91%和 100.00%。考虑现场量测数据的离散性，兼顾较高的保证率，Ⅳ级围岩黄土隧道设计预留变形量可取 70~90 mm。

（2）Ⅴ级围岩隧道预留变形量。

由 5.2.1 节的统计分析可知，在Ⅴ级围岩条件下，以拱顶下沉量测数据为依据，当设计预留变形量分别取 80 mm、100 mm、120 mm 和 150 mm 时，其保证率分别为 99.45%、99.85%、99.93%和 100.00%。考虑现场量测数据的离散性，兼顾较高的保证率，Ⅴ级围岩黄土隧道设计预留变形量可取 120~150 mm。

5.3 浩吉铁路围岩控制值统计

5.3.1 一般地段隧道变形统计分析

统计数据来源于浩吉铁路 201 座一般地段隧道的现场量测资料（拱顶下沉和周边收敛）。本节统计的监测数据为浩吉铁路一般地段隧道开工以来监测时间达到 1 个月以上监测断面的数据，同时删除了部分变形异常的数据。

变形监测数据为测点埋设后第一次上传至测试结束的数据，对深埋隧道而言，在测点埋设前，隧道已经发生了一定的变形，因此，监测数据非全位移数据。

一般地段隧道按照深浅埋进行区分，深浅埋以 50 m 为分界。

5.3.2 单线隧道变形统计分析

1. Ⅲ级围岩隧道

单线Ⅲ级围岩隧道的变形分布规律如图 5-5、图 5-6 和表 5-9、表 5-10 所示。

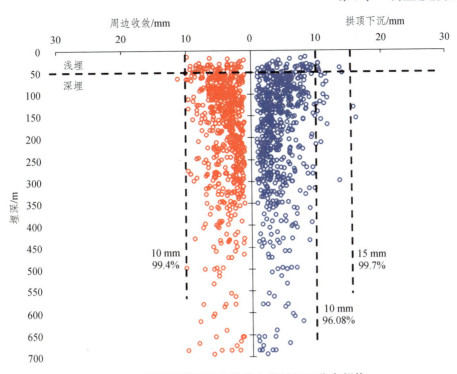

图 5-5　单线Ⅲ级隧道变形最大值随埋深分布规律

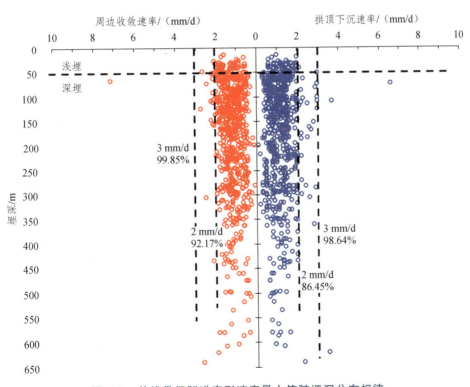

图 5-6　单线Ⅲ级隧道变形速率最大值随埋深分布规律

表 5-9　单线Ⅲ级围岩隧道变形最大值统计

项目	范围/mm	< 5	< 10	< 15	< 20
拱顶下沉	累计比例/%	64.01	96.08	99.70	100.00
周边收敛	累计比例/%	67.62	99.40	100.00	—

表 5-10　单线Ⅲ级围岩隧道变形速率最大值统计

项目	范围/(mm/d)	< 1	< 2	< 3	< 4	< 5	< 6	< 7	< 8
拱顶下沉	累计比例/%	34.94	86.45	98.64	99.85	99.85	99.85	100.00	—
周边收敛	累计比例/%	33.58	92.17	99.85	99.85	99.85	99.85	99.85	100.00

从图 5-5、图 5-6 和表 5-9、表 5-10 可以看出：单线Ⅲ级围岩隧道变形值比较小，集中在 10 mm 以内，最大值不超过 20 mm；单线Ⅲ级围岩隧道变形速率均比较小，集中在 3 mm/d 以内，最大值未超过 8 mm/d。

2. Ⅳ级围岩隧道

单线Ⅳ级围岩隧道的变形分布规律如图 5-7、图 5-8 和表 5-11、表 5-12 所示。

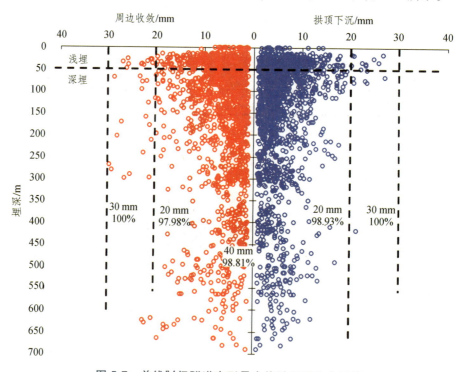

图 5-7　单线Ⅳ级隧道变形最大值随埋深分布规律

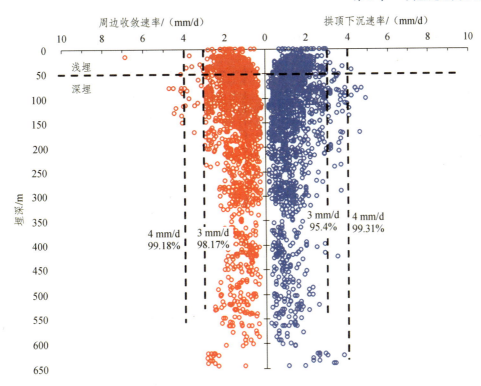

图 5-8　单线Ⅳ级隧道变形速率最大值随埋深分布规律

表 5-11　单线Ⅳ级围岩隧道变形最大值统计

项目	范围/mm	< 10	< 15	< 20	< 25	< 30
拱顶下沉	累计比例/%	84.72	95.96	98.93	99.81	100.00
周边收敛	累计比例/%	80.37	92.74	97.98	99.31	100.00

表 5-12　单线Ⅳ级围岩隧道变形速率最大值统计

项目	范围/(mm/d)	< 1	< 2	< 3	< 4	< 5	< 6	< 7
拱顶下沉	累计比例/%	32.95	81.19	95.40	99.31	100.00	—	—
周边收敛	累计比例/%	31.06	81.25	98.17	99.18	99.94	99.94	100.00

从图 5-7、图 5-8 和表 5-11、表 5-12 可以看出：单线Ⅳ级围岩隧道变形值比较小，集中在 20 mm 以内，最大值不超过 45 mm；单线Ⅳ级围岩隧道变形速率集中在 4 mm/d 以内，变形速率超过 4 mm/d 的断面集中在深埋隧道中。

3. Ⅴ级围岩隧道

单线Ⅴ级围岩隧道变形分布规律如图 5-9、图 5-10 和表 5-13、表 5-14 所示。

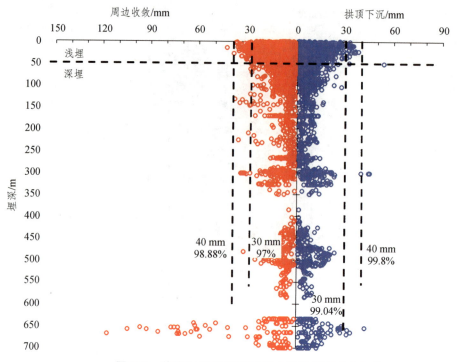

图 5-9　单线Ⅴ级隧道变形最大值随埋深分布规律

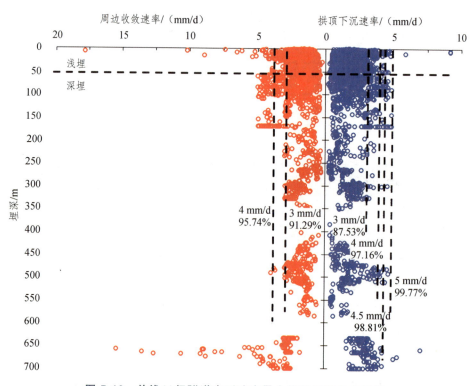

图 5-10　单线Ⅴ级隧道变形速率最大值随埋深分布规律

表 5-13　单线 V 级围岩隧道变形最大值统计

项目	范围/mm	< 10	< 20	< 30	< 40	< 50	< 60	< 80	< 100	< 125
拱顶下沉	累计比例/%	73.05	95.12	99.04	99.87	99.97	100.00	—	—	—
周边收敛	累计比例/%	56.35	87.40	97.06	98.88	99.14	99.27	99.80	99.90	100.00

表 5-14　单线 V 级围岩隧道变形速率最大值统计

项目	范围/(mm/d)	< 2	< 3	< 4	< 5	< 6	< 8	< 10	< 15	< 21
拱顶下沉	累计比例/%	64.29	87.53	97.16	99.77	99.90	99.93	100.00	—	—
周边收敛	累计比例/%	57.67	91.29	95.74	98.91	99.24	99.51	99.77	99.90	100.00

从图 5-9、图 5-10 和表 5-13、表 5-14 可以看出：单线 V 级围岩隧道变形集中在 30 mm 以内，0.73% 的断面周边收敛大于拱顶下沉，并且周边收敛超过 60 mm，该部分断面分布在中条山隧道的 F_7 断层带；单线 V 级围岩隧道变形速率最大值集中在 4 mm/d 以内，与变形值的分布规律一致，变形速率超过 10 mm/d 的断面集中在中条山隧道 F_7 断层带。

5.3.3　双线隧道变形统计分析

1. Ⅲ级围岩隧道

双线 Ⅲ 线围岩隧道变形分布规律如图 5-11、图 5-12 和表 5-15、表 5-16 所示。

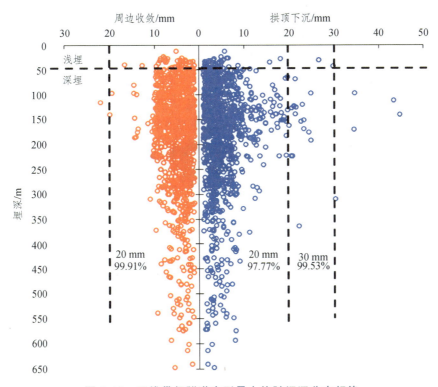

图 5-11　双线 Ⅲ 级隧道变形最大值随埋深分布规律

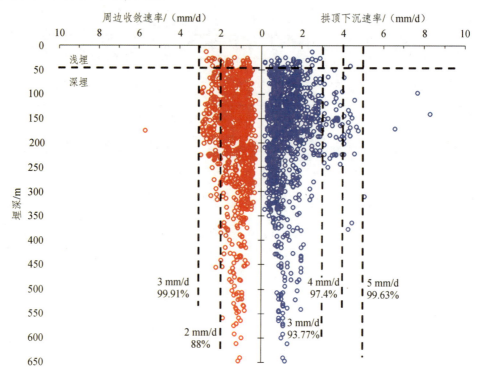

图 5-12 双线Ⅲ级隧道变形速率最大值随埋深分布规律

表 5-15 双线Ⅲ级围岩隧道变形最大值统计

项目	范围/mm	<5	<10	<20	<25	<30	<40	<45
拱顶下沉	累计比例/%	58.14	88.65	97.77	99.35	99.53	99.81	100.00
周边收敛	累计比例/%	57.12	98.14	99.91	100.00	—	—	—

表 5-16 双线Ⅲ级围岩隧道变形速率最大值统计

项目	范围/(mm/d)	<1	<2	<3	<4	<5	<6	<8	<9
拱顶下沉	累计比例/%	43.26	81.40	93.77	97.40	99.63	99.72	99.91	100.00
周边收敛	累计比例/%	44.74	88.00	99.91	99.91	99.91	100.00	—	—

从图 5-11、图 5-12 和表 5-15、表 5-16 可以看出：双线Ⅲ级隧道变形值比较小，集中在 20 mm 以内；双线Ⅲ级隧道变形速率比较小，集中在 5 mm/d 以内。

2. Ⅳ级围岩隧道

双线Ⅳ级围岩隧道变形分布规律如图 5-13、图 5-14 和表 5-17、表 5-18 所示。

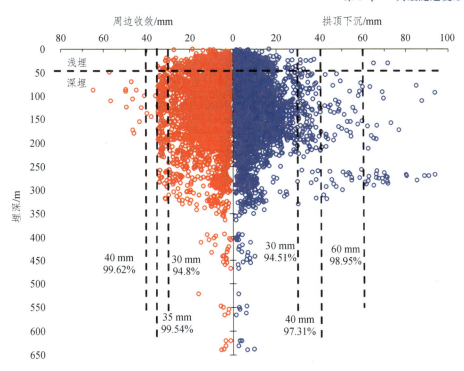

图 5-13　双线Ⅳ级隧道变形最大值随埋深分布规律

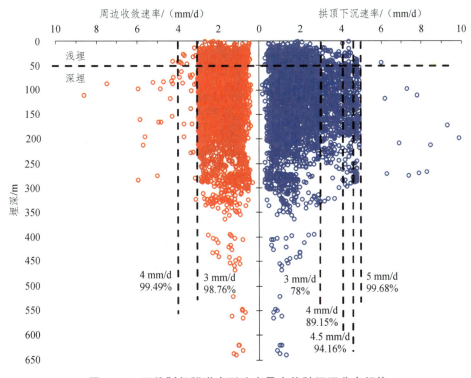

图 5-14　双线Ⅳ级隧道变形速率最大值随埋深分布规律

表 5-17　双线Ⅳ级围岩隧道变形最大值统计

项目	范围/mm	< 10	< 20	< 30	<40	< 45	< 50	< 60	< 72	< 95
拱顶下沉	累计比例/%	65.56	89.01	94.53	97.33	97.90	98.30	98.98	99.70	100.00
周边收敛	累计比例/%	60.53	84.14	94.80	99.62	99.73	99.92	99.97	100.00	—

表 5-18　双线Ⅳ级围岩隧道变形速率最大值统计

项目	范围/(mm/d)	< 2	< 3	< 4	< 5	< 6	< 8	< 9	< 10
拱顶下沉	累计比例/%	53.53	78.00	89.15	99.68	99.68	99.89	99.95	100.00
周边收敛	累计比例/%	52.67	98.76	99.49	99.78	99.95	99.97	100.00	—

从图 5-13、图 5-14 和表 5-17、表 5-18 可以看出：Ⅳ级围岩隧道拱顶下沉集中在 30 mm 以内；双线Ⅳ级围岩隧道拱顶下沉和周边收敛变形速率最大值分别集中在 5 mm/d、3 mm/d 以内。

3. Ⅴ级围岩隧道

双线Ⅴ级围岩隧道变形分布规律如图 5-15、图 5-16 和表 5-19、表 5-20 所示。

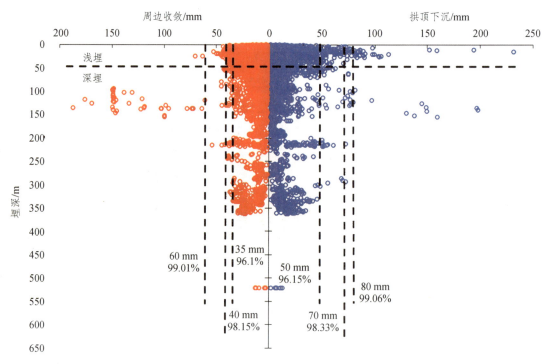

图 5-15　双线Ⅴ级隧道变形最大值随埋深分布规律

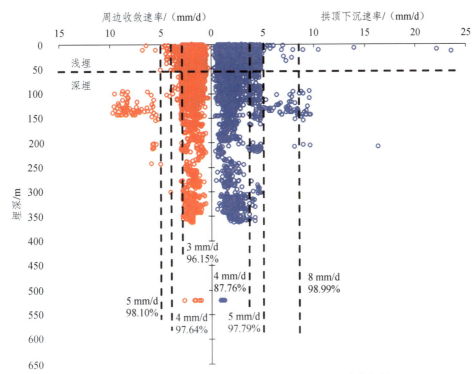

图 5-16　双线 V 级隧道变形速率最大值随埋深分布规律

表 5-19　双线 V 级围岩隧道变形最大值统计

项目	范围/mm	< 20	< 30	< 40	< 45	< 70	< 90	< 110	< 150	< 200	< 232
拱顶下沉	累计比例/%	82.03	89.89	93.71	95.06	98.33	99.44	99.67	99.82	99.97	100.00
周边收敛	累计比例/%	83.17	92.62	98.15	98.91	99.11	99.19	99.34	99.92	100.00	—

表 5-20　双线 V 级围岩隧道变形速率最大值统计

项目	范围/(mm/d)	< 2	< 3	< 4	< 5	< 6	< 8	< 10	< 15	< 20	< 25
拱顶下沉	累计比例/%	55.36	77.97	87.76	97.79	98.17	98.99	99.87	99.92	99.95	100.00
周边收敛	累计比例/%	62.03	96.15	97.64	98.10	98.58	99.11	100.00	—	—	—

从图 5-15、图 5-16 和表 5-19、表 5-20 可以看出：V 级围岩隧道拱顶下沉集中在 45 mm 以内，拱顶下沉值大于 100 mm 的断面集中在如意隧道出口段、石岩岭隧道出口段、九岭山隧道出口段和马湾隧道进口段。其中：如意隧道出口段洞身围岩是砂岩夹泥岩，节理裂隙发育，岩体破碎，出口浅埋段风化严重，变形较大；其余段落其洞身岩石类型分别是闪长岩、花岗岩、云母石英片岩，属于硬岩，但是进出口段岩石破碎，节理裂隙发育，地下水发育，施工期间涌水量大，因此变形量大。

V 级围岩隧道周边收敛集中分布在 35 mm 以内，周边收敛大于 50 mm 的断面，集中在石岩岭隧道出口段、如意隧道出口段，这些断面的拱顶下沉值均超过 100 mm。

从表 5-19 和表 5-20 可以看出：双线 V 级隧道拱顶下沉和周边收敛变形速率分别集中在 5 mm/d、4 mm/d 以内，变形速率大于 8 mm/d 的断面集中分布在如意隧道出口段、石岩岭隧道出口段、九岭山隧道出口段和马湾隧道进口段,与变形值的分布规律一致。

5.3.4　一般地段隧道预留变形量统计分析

通过 5.3.2 和 5.3.3 节的统计分析可知,对于同一断面而言,拱顶下沉普遍大于周边收敛,预留变形量的取值普遍以拱顶下沉变形为基准。考虑现场实测数据的离散性,预留变形量采用一定保证率条件下的范围值。当给定的预留变形量对应保证率大于 95% 时,认为该预留变形是合适的。

1. 单线隧道

单线隧道给定预留变形量与对应的保证率如表 5-21 所示,单线Ⅲ、Ⅳ、Ⅴ级围岩隧道的设计预留变形量分别为 10～30 mm、30～50 mm、50～80 mm。

表 5-21　单线隧道预留变形量与保证率

Ⅲ级围岩		Ⅳ级围岩		Ⅴ级围岩	
预留变形量/mm	保证率/%	预留变形量/mm	保证率/%	预留变形量/mm	保证率/%
10	96.08	20	98.93	50	99.14
20	100.00	30	100.00	70	99.47
30	100.00	50	100.00	80	99.80

备注：Ⅴ级围岩隧道预留变形量以周边收敛为基准。

2. 双线隧道

双线隧道给定预留变形量与对应的保证率如表 5-22 所示,双线Ⅲ、Ⅳ、Ⅴ级围岩隧道的设计预留变形量分别为 30～50 mm、50～80 mm、80～100 mm。

表 5-22　双线隧道预留变形量与保证率

Ⅲ级围岩		Ⅳ级围岩		Ⅴ级围岩	
预留变形量/mm	保证率/%	预留变形量/mm	保证率/%	预留变形量/mm	保证率/%
30	99.53	50	98.30	80	99.06
40	99.81	70	99.54	100	99.59
50	100.00	80	99.76	120	99.70

5.4　阳山隧道黄土段

5.4.1　工程概况

浩吉铁路阳山隧道属于陕北高原区,冲沟发育,零星分布小面积黄土塬,沟谷切割较深,地势总体自东向西倾斜,海拔为 980～1 250 m,一般高差 50～270 m。隧道所在范围内地层为砂质新黄土、黏质新黄土、细圆砾土、老黄土、砂岩、砾岩、泥岩，有泥岩夹煤地层、湿陷性黄土。大部分地区覆盖厚层黄土，冲沟内偶见基岩裸露。主要不良地质为泥岩、新湿陷性黄土、黏质微膨胀性老黄土。设计 DK390+786～+520 段埋深 128～142 m，隧洞洞身地层岩性为第四系中更新统黏质老黄土。黏质老黄土为棕红色，局部夹棕黄色，硬塑，呈大块状压实结构，开挖未见地下水，经测试反映该段土体含水量约 15%，具膨胀性，为弱膨胀土，塑限 20%，液限 33.4%，塑性指数 13.4，内聚力 76.2 kPa，内摩擦角 30.6°。

隧道所在区域的大地构造部位属于陕甘宁台坳（又称鄂尔多斯盆地）东南翼部，是一个基底硬化程度很高、比较标准的稳定地块，经历多旋回构造发展，最终形成的具有多次坳陷叠加的中生代盆地。构造形迹比较微弱，褶皱和断裂不发育，总体上为一西倾平缓的单斜构造，倾角一般为 1°～3°，最大 5°～7°。

黄土段采用人工配合机械开挖，施工运输采用无轨运输方式；格栅钢架均集中加工并配送至洞口临时存放场，满足施工需求；初期支护喷射混凝土采用机械手湿喷工艺。

5.4.2　预警及工程问题

（1）监控量测小组进行围岩量测，数据分析发现在 2015 年 11 月 8 日 DK390+920 处拱顶下沉和周边收敛变化速率较大，在重新复测确认后，上传数据。预警信息详见图 5-17：

① DK390+920 黄色预警，拱顶下沉速率 9.9 mm/d；

② DK390+920 黄色预警，周边收敛速率 8.26 mm/d。

警示内容

工程范围：蒙华铁路\MHSS-01标\阳山隧道\阳山隧道出口\		工点类型：双线（双车道）				道床类型：无砟		
地质类型	监测类型	测点里程	测点名称	状态	围岩级别	施工工序	预警状态	警示时间
黄土地段	拱顶下沉	DK390+920.00	GD390+920(IV)	停测	IV	无	⚠⚠	2015/11/8 18:18:56

当天变化9.90±5mm，请监理工程师组织施工现场分析原因并采取处理措施。

处理情况

序号	处理人	意见内容	处理时间	处理状态
1	张兴龙	DK390+920处埋深约85m，围岩为IV级黏质老黄土，此处由于11.8日开挖DK390+917～DK390+914段仰拱初支，对围岩造成扰动，导致下沉量过大。现已开始对DK390+917～DK390+923段下导进行加锁脚锚管，加强监控量测频率，确保围岩沉降稳定。	2015/11/8 18:36:02	⚠
2	张兴龙	DK390+920处埋深约85m，围岩为IV级黏质老黄土，该段由于11.8日开挖DK390+917～DK390+914段仰拱初支，对围岩造成扰动，导致下沉量过大。现已对DK390+917～DK390+923段下导进行加设锁脚锚管，确保围岩沉降稳定。	2015/11/8 12:41:35	⚠
3	张兴龙	DK390+920处埋深约85m，围岩为IV级黏质老黄土，此处由于11.7日凌晨开挖仰拱，导致下沉量过大。	2015/11/7 17:52:36	⚠

图 5-17　DK390+920 预警信息

（2）监控量测小组进行围岩量测，数据分析发现在 2016 年 3 月 9 日 DK390+780 处拱顶下沉和周边收敛变化速率较大，在重新复测确认后，上传数据。预警信息详见图 5-18：

① DK390+780 黄色预警，拱顶下沉速率 2 mm/d；

② DK390+780 黄色预警，周边收敛速率 3.08 mm/d。

警示内容

工程范围：蒙华铁路\MHSS-01标\阳山隧道\阳山隧道出口\　　工点类型：双线（双车道）　　道床类型：无砟

地质类型	监测类型	测点里程	测点名称	状态	围岩级别	施工工序	预警状态	警示时间
黄土地段	拱顶下沉	DK390+780.00	GD390+780(IV土)	停测	IV	仰拱封闭	⚠⚠	2016/3/9 17:52:01

当前累计32.10mm，日（次）变化量1.80mm，II级管理，加强监测，密切关注发展情况，分析原因，调整施工，使隧道变形趋稳，并制定应急方案和对策。

处理情况

序号	处理人	意见内容	处理时间	处理状态
1	李志宇	DK390+780埋深约135m，为IV级黏质老黄土。仰拱初支已封闭成环，由于监测系统升级新版本，监测人员对手机端内的施工工序选项不明确，现场操作出现失误，导致GD390+780测点达到累计值的黄色假性预警。处理措施：强化培训，提高测量人员业务能力，杜绝类似失误的发生。	2016/3/9 19:20:32	⚠
2	李志宇	DK390+780埋深约135米，为IV级黏质老黄土。仰拱初支已封闭成环；由于3月8日GD390+780当日沉降速率≥2mm，造成黄色预警。处理措施：加强量测，近早施作仰拱衬砌。	2016/3/9 0:13:13	⚠
3	李志宇	DK390+780埋深约135米，为IV级黏质老黄土。仰拱初支已封闭成环，由于3月8日GD390+780当日沉降速率≥2mm，造成黄色预警。处理措施：加强量测，近早施作仰拱衬砌。	2016/3/9 0:10:45	

图 5-18　DK390+780 预警信息

（3）2016 年 5 月，阳山隧道出口 DK390+530～DK390+715 段长 185 m 左、右侧上中台阶连接板与锁脚锚管之间钢架变形外鼓，喷射混凝土表面脱落掉块，个别处钢架外露，掉块沿纵向贯通，初支破坏处出现渗水现象。初期支护破坏较为严重，变形量大。

经波速测试和钻孔取样，阳山隧道深埋老黄土段初期支护在上台阶拱脚处存在塑性区，带来剪切滑移面，导致拱脚处受力最大。阳山隧道出口 DK390+530～DK390+715 段在开挖过程中，测试黄土含水率为 15%，2016 年 5 月上旬、中旬连续降雨后，雨水通过冲沟或人工挖掘的坑洞、墓穴下渗进入下层老黄土裂隙，导致土体含水量增加，开裂破坏处有水渗出，经测试含水率达 20%。土体含水率增加导致围岩软化、自承能力减低，从而围岩塑性区增大，施加更多的围岩压力到结构上，直至超出初期支护的承载能力，导致初支开裂剥落。

5.4.3　处理措施

5.4.3.1　预警处理机制

现场监测人员在分析监测数据时，若发现达到预警的监控数据，经复测和确认后，应及时上报给指挥部。工区应立即组织工程技术部、质量安全部到现场，会同工程监理项目部、施工单位项目经理部到出现预警信息的现场察看，分析出现预警的原因，并对预警情况和现场应急处理措施进行研究讨论。

DK390+920 断面于 11 月 7 日凌晨开挖 DK390+917～DK390+914 段仰拱初支，对围岩造成扰动，导致当日下沉量过大（拱顶下沉速率为 9.90 mm/d>2.0 mm/d），造成黄色预警。处理措施：对 DK390+917～DK390+923 段下导进行加设锁脚锚管，确保围岩沉降稳定。

而 DK390+780 断面仰拱封闭后，由于 3 月 8 日沉降速率大于 2 mm/d，造成黄色预警。处理措施：加强监控量测，尽早施作仰拱衬砌。

5.4.3.2 加强衬砌

阳山隧道出口 DK390+786 ~ +520 段初期支护发生破坏后，后续施工段 DK390+520 ~ DK390+085 段采用加强支护的方案，初期支护结构加强措施为：① 增大主筋的直径，格栅钢架主筋由 ϕ22 调整为 ϕ28；② 减小钢架间距，钢架间距由原来的 1.0 m 调整为 0.6 m；③ 增厚喷射混凝土的厚度，由原来设计 22 cm 增加到 30 cm，增厚 8 cm；④ 预留变形量调整为 15 cm，快速开挖、快速封闭、快速成环，初支仰拱距掌子面不得大于 15 m。

5.4.3.3 限阻支护结构

实践表明，单纯增加支护强度并不能有效治理大变形问题，隧道支护结构受到的为围岩变形带来的形变压力，单纯依靠支护阻力来硬抗围岩带来的形变压力是不可行的。上述在施工中拆换发生严重变形破坏的初期支护的行为，其本质就是在初期支护约束下的逐步变形释放围岩形变压力的过程，直至围岩压力释放完毕，硐室才能趋于稳定，如图 5-19 所示。由此，在遇到大变形问题时，不宜采用"强支硬抗"的措施，而应采用能发生大量变形、充分吸收围岩中储存的能量的结构，进行"抗放结合"的支护手段来解决。如图 5-19 所示，采取柔性支护结构，在前期可以限制支护阻力，允许围岩和支护进行大的变形，后期支护阻力上升，其支护特征曲线最终可以与围岩特征曲线相交，达到稳定。

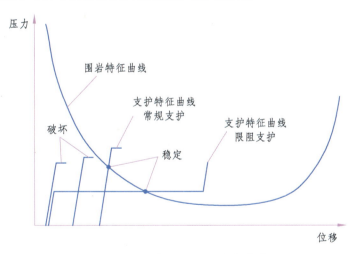

图 5-19 围岩位移-压力特征曲线

1. 限阻器工作原理

限阻器利用低碳钢钢板较好的变形延伸能力和峰后承载能力，通过在受力过程中钢板的屈服塑性变形，实现限制结构内力、释放围岩压力的目的。

限阻器由上下连接钢板和竖向限阻钢板组成，上下连接钢板平行放置，竖向限阻钢板垂直焊接在上下连接钢板上，如图 5-20 所示。

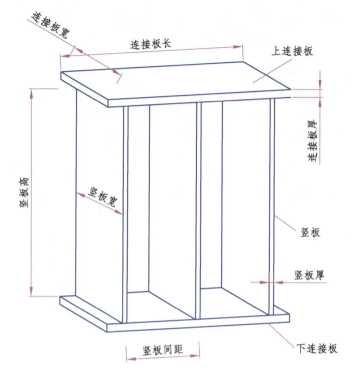

图 5-20　钢板型限阻器构造示意图

　　钢板型限阻器工作过程如图 5-21 所示。在连接板上施加竖向荷载 P，当荷载 P 达到竖向限阻钢板的承载力峰值 P_k 后，竖向钢板开始屈服变形，直到限阻器被压实。

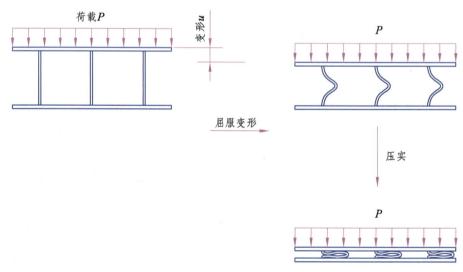

图 5-21　钢板型限阻器工作示意图

　　钢板型限阻器应力-应变关系曲线简化为图 5-22 所示，峰值、恒阻值和压缩量为钢板型限阻器的三个性能指标。

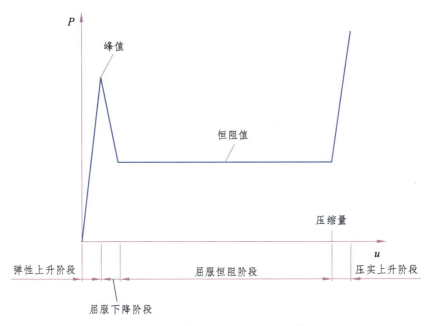

图 5-22　限阻器应力-应变关系曲线简化图

2. 限阻器参数设计

（1）设计原则。

钢板型限阻器用于与隧道初期支护的环向连接，其设计原则为：

① 限阻器峰值须大于仰拱闭合前结构内力，并小于结构极限抗压强度，这样可保证初期支护的施工期安全稳定与后期限阻变形。

② 限阻器须保证一定的恒阻值，确保在释放围岩应力时释放速率不会过快导致整体支护结构失稳，本次设计限阻器恒阻值定为 1.0 MPa。

③ 限阻器须留有足够的恒阻变形空间，确保围岩压力能够释放到结构可支护能力之内。

（2）参数选取。

根据钢板型限阻器设计原则和钢板型限阻器试验结果，选用 3 块板的平均单板峰值和恒阻值设计。本次设计钢板型限阻器选取参数为：竖板厚度为 8 mm、高度为 30 cm、间距为 10～15 cm，可提供 8.0～12.0 MPa 的限阻峰值和 1.0～1.5 MPa 的恒阻值。

（3）结构连接措施。

为保证限阻器与隧道初期支护结构的有效连接与共同工作，采取的措施为：

① 与格栅钢架环向连接。在连接钢板上开螺栓孔，格栅钢架和限阻器通过接头螺栓连接。

② 与喷射混凝土环向连接。在连接钢板上垂直焊接连接钢筋，通过连接钢筋来保证限阻器和喷射混凝土有效连接，并在限阻器 1.0m 范围内挂双侧钢筋网，放置局部应力集中导致混凝土开裂。

③ 纵向连接。对其前后两榀限阻器的上下连接钢板，采用钢筋或钢板进行帮焊连接，使各榀限阻器在隧道纵向上连接成一条纵梁，如图 5-23 所示。

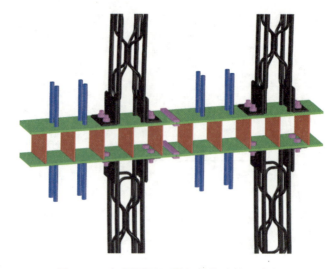

图 5-23　钢板型限阻器与结构连接示意图

（4）限阻器设计图。

以 H180 钢架为例，钢架间距 0.75 m，限阻器设计图如图 5-24 所示。

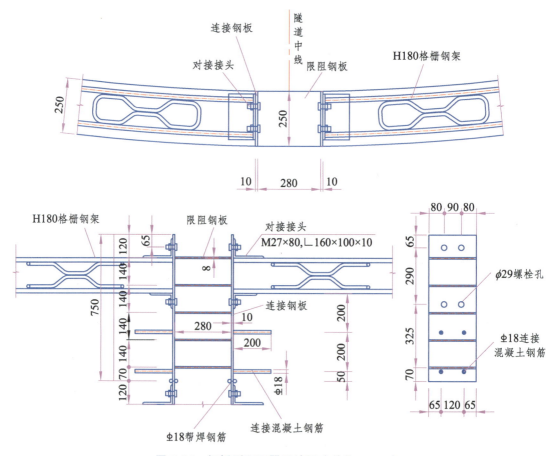

图 5-24　钢板型限阻器设计图（单位：mm）

3. 限阻器安装位置

根据深埋老黄土隧道初支破坏机理分析,初期支护为拱脚混凝土受压破坏,由此选择在左右拱脚处设置环向限阻器,如图 5-25 所示。

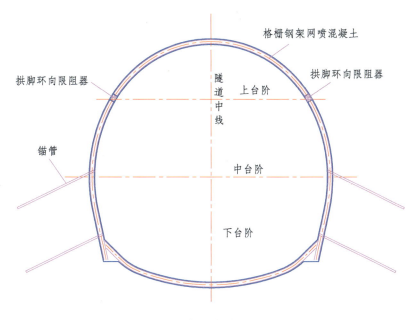

图 5-25　初期支护结构组成

5.4.4　监测数据分析

5.4.4.1　未作处理地段

阳山隧道出口未作处理地段,设计工法为三台阶法(预留核心土),采用 H230 型格栅钢架,间距 0.6m。钢架各节安装时采用定位系筋定位,脚部设置锁脚锚管和高强度工程塑料垫板,钢架拼装好后通过纵向连接筋焊联,纵向连接筋环向间距 1.0m。每分部钢架连接垫板处采用 2 根 ϕ42 锁脚锚管(长 4.0m),使钢架与围岩连为一体,采用机械手喷射 C25 混凝土喷护。

开挖分为上、中、下三台阶,人工配合挖掘机同时开挖,上台阶长 5~6 m,高 3.1 m,中台阶长 5~7 m,高 3.9 m,仰拱初支封闭成环紧跟下台阶开挖面,高度为 3.9 m,每循环上台阶根据钢架间距进尺 0.6 m 安装钢架 1 榀,中台阶安装 2 榀,下台阶安装 2 榀;中、下台阶左右两侧对称开挖,根据开挖揭示地质情况及监控量测成果实施动态调整,格栅钢架安装后及时喷射混凝土。仰拱初支距掌子面距离不大于 1.5 倍洞径即 16 m。

选择未采取特殊措施的施工段 DK390+920 断面和 DK390+660 断面进行监测数据分析,详见图 5-26 ~ 图 5-29。

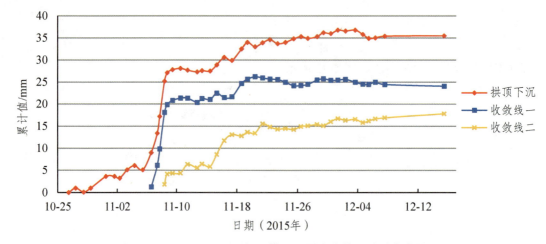

图 5-26 DK390+920 断面拱顶及周边收敛累计时态曲线

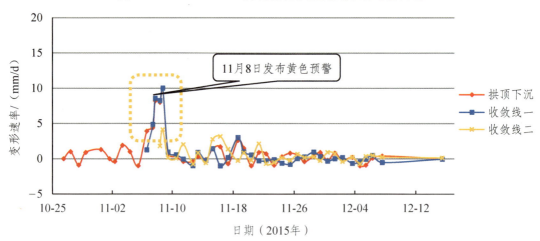

图 5-27 DK390+920 断面拱顶及周边收敛速率时态曲线

图 5-28 DK390+660 断面拱顶及周边收敛累计时态曲线

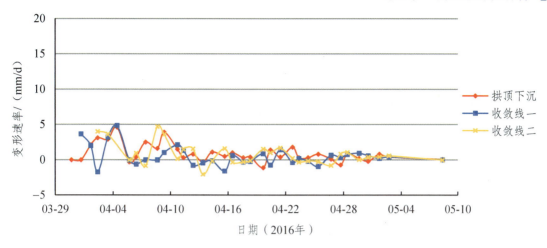

图 5-29　DK390+660 断面拱顶及周边收敛速率时态曲线

从监测量测数据上来看，隧道变形无异常，经过约 1 个月时间的变形，拱顶下沉和净空收敛最终达到稳定。但变形速率前期较快，后期逐渐下降，趋于平稳。

1. 累计变形分析（图 5-26、图 5-28）

DK390+920 断面拱顶及周边收敛一、二测线变形量分别为 35.5 mm、24.09 mm、17.8 mm。整个断面拱顶下沉量最大，收敛二测线最小。这表明上导空间变形最大，下导空间变形更小。

DK390+660 断面拱顶及周边收敛一、二测线变形量分别为 32.1 mm、17.35 mm、23.4 mm。整个断面拱顶下沉量最大，收敛一测线最小。这表明上导空间变形最大，中导开挖—下导开挖及下导开挖—仰拱施作期间，由于多道施工工序（纵、横向交叉）影响，导致收敛线二变形量较大。

2. 变形速率分析（图 5-27、图 5-29）

DK390+920 断面，拱顶下沉速率均值为 1.03 mm/d，最大速率为 9.90 mm/d；收敛线一速率均值为 1.07 mm/d，最大速率为 10.02 mm/d；收敛线二速率均值为 0.59 mm/d，最大速率为 4.11 mm/d。DK390+920 断面于 11 月 7 日凌晨开挖 DK390+917 ~ DK390+914 段仰拱初支，对围岩造成扰动，导致当日下沉量过大（拱顶下沉速率为 9.90 mm/d>2.0 mm/d）。

DK390+660 断面，变形稳定前拱顶下沉速率均值为 1.20 mm/d，最大速率为 4.6 mm/d；收敛线一速率均值为 0.52 mm/d，最大速率为 4.84 mm/d；收敛线二速率均值为 1.15 mm/d，最大速率为 4.66 mm/d。同时，在上台阶与中台阶交接部位初支混凝土个别断面有剥皮现象。

综合变形累计值和变形速率的监测结果来看，从上导开挖，安装拱顶测点之后，约需要 1 个月时间变形达到稳定，且均为拱顶变形最大。

5.4.4.2　加强衬砌段

加强衬砌段施工工艺与未作处理段相同，但支护按加强后的参数施工。采用加强支护后，选择 DK390+320 断面和 DK390+210 断面进行监测数据分析，详见图 5-30 ~ 图 5-33。

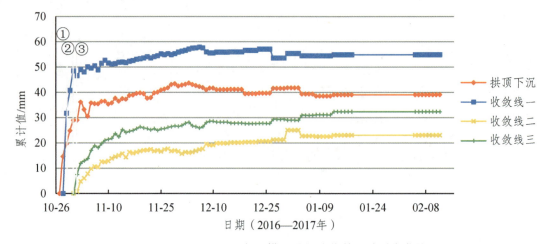

图 5-30　DK390+320 断面拱顶及周边收敛累计时态曲线

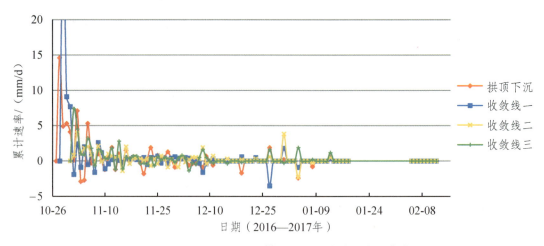

图 5-31　DK390+320 断面拱顶及周边收敛速率时态曲线

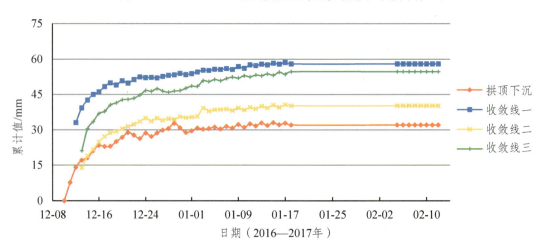

图 5-32　DK390+210 断面拱顶及周边收敛累计时态曲线

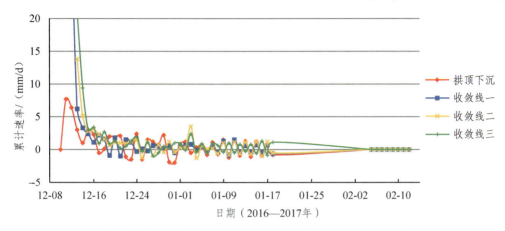

图 5-33　DK390+210 断面拱顶及周边收敛速率时态曲线

从监测量测数据上来看，隧道总变形量无异常，经过长时间的变形，拱顶下沉和净空收敛最终达到稳定。但变形速率前期非常快，达到预警要求，后期逐渐下降，趋于平稳。

1. 累计变形阶段分布（图 5-30、图 5-32）

DK390+320 断面：① 上导开挖—中导开挖期间，拱顶及周边收敛一测线变形量为 19.5 mm、31.7 mm；② 中导开挖—下导开挖期间，拱顶及周边收敛一测线变形量为 28.9 mm、48.5 mm；③ 下导开挖—仰拱施作期间，拱顶及周边收敛一、二、三测线变形量为 29 mm、46.6 mm、0.8 mm、7.4 mm。中导开挖—下导开挖及下导开挖—仰拱施作期间，由于多道施工工序（纵、横向交叉）影响，变形量较大。

DK390+210 断面拱顶及周边收敛一、二、三测线变形量分别为 32.1 mm、58 mm、40.2 mm、54.6 mm。拱顶下沉量最小，收敛一测线变形最大。

2. 变形速率分析（图 5-31、图 5-33）

DK390+320 断面：① 10 月 28 日—10 月 29 日变形较大的原因为上导纵向循环开挖影响和下导施工开挖循环进尺，造成拱顶下沉 10 月 28 日及 29 日收敛测线一当日变形突出，下沉变形量为 14.6 mm，收敛变形量为 31.7 mm。② 10 月 30 日—11 月 2 日变形较大原因为该断面中、下台阶开挖时影响，造成 10 月 30 日—11 月 2 日变形范围为 −1.9 ~ 7.4 mm。③ 根据图中监测数据分析得出：采用加强衬砌，在变形趋于稳定之前，拱顶下沉速率均值为 2.8 mm/d，最大速率为 14.6 mm/d；收敛线一速率均值为 3.45 mm/d，最大速率为 31.7 mm/d；收敛线二速率均值为 1.23 mm/d，最大速率为 3.9 mm/d；收敛线三速率均值为 1.8 mm/d，最大速率为 7.4 mm/d。同时，在上台阶与中台阶交接部位初支混凝土个别断面有剥皮现象。

DK390+210 断面在变形稳定前，拱顶下沉速率均值为 1.16 mm/d，最大速率为 7.7 mm/d；收敛线一速率均值为 2.07 mm/d，最大速率为 33.1 mm/d；收敛线二速率均值为 1.41 mm/d，最大速率为 13.8 mm/d；收敛线三速率均值为 1.94 mm/d，最大速率为 21.1 mm/d。

综合变形累计值和变形速率的监测结果来看，从上导开挖，安装拱顶测点之后，约需要 20 d 时间变形才能达到稳定，且均为收敛一测线变形最大。提高衬砌的支护强度并没有明显地改善其变形量值的大小，甚至变形比未加强前变形更大。但能够明显地看到，衬砌越强，前期的变形速率大，但变形稳定的周期缩短了 1/3 左右。

5.4.4.3 使用限阻器段

阳山隧道出口 DK390+080 ~ DK389+580 段长 500m, 初期支护设置限阻器; 开挖采用三台阶法, 格栅钢架采用 H150 型, 钢架间距 100cm, 锁脚锚管 $\phi42$ mm (t=5 mm), 长 4 m。全环铺设纵向 $\phi6$ × 环向 $\phi8$ 钢筋网, 网格间距 20 cm × 20 cm, C25 喷射混凝土全环厚度为 22 cm, 预留变形量 15cm, 监控量测点在原布设测线的基础上, 于拱脚限阻器位置增设一条收敛测线。

开挖分为上、中、下三台阶, 人工配合挖掘机同时开挖。上台阶长 5 ~ 6 m、高 3.1 m, 中台阶长 5 ~ 7 m、高 3.9 m, 仰拱初支封闭成环紧跟下台阶开挖面, 高 3.9 m。上台阶根据钢架间距循环进尺 1.0 m, 开挖后检查开挖断面, 处理欠挖, 测定钢架位置, 清理拱脚浮渣, 拱脚底板面如有超挖采用混凝土或型钢垫块支垫调整, 架立格栅钢架、安装限阻器结构。限阻器结构与钢架栓接, 施作定位筋、锁脚锚管 ($\phi42$ mm, 长 4 m)、钢筋网片及纵向连接筋, 然后采用土工布或防水板堵塞限阻器空腔, 以防喷射混凝土进入, 影响限阻器结构正常工作。

中、下台阶左右两侧对称开挖, 同时安装钢架 2 榀, 格栅钢架安装后上、中、下台阶喷射混凝土。仰拱初支距掌子面距离不大于 15 m。根据开挖揭示地质情况及监控量测成果实施动态调整。变更使用限阻器后, 选择 DK390+050 断面和 DK389+880 断面进行监测数据分析, 详见图 5-34 ~ 图 5-37。

图 5-34 DK390+050 断面拱顶及周边收敛累计曲线

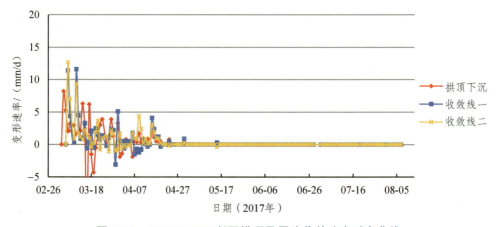

图 5-35 DK390+050 断面拱顶及周边收敛速率时态曲线

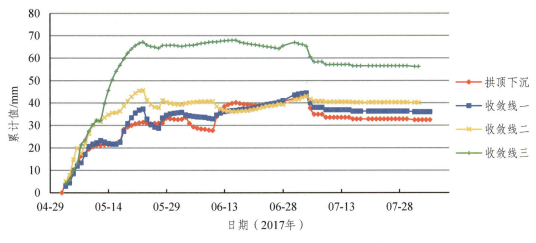

图 5-36　DK389+880 断面拱顶及周边收敛累计曲线

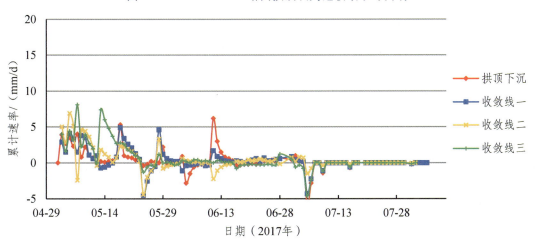

图 5-37　DK389+880 断面拱顶及周边收敛速率时态曲线

从监测量测数据上来看，隧道的总变形量值无异常，经过长时间的变形，拱顶下沉和净空收敛最终达到稳定。但变形速率前期较快，达到预警要求，后期逐渐下降，趋于平稳。DK389+880 断面由于开挖步序的多次转变，导致变形速率多次出现较大变化。

1. 累计变形分布（图 5-34、图 5-36）

DK390+050 断面：① 上导开挖—中导开挖期间，拱顶下沉变形量为 13.5 mm；② 中导开挖—仰拱初支施作期间，拱顶及周边收敛一、二、三测线变形量为 24.7 mm、28.1 mm、30.8 mm、3.8 mm。中导开挖—下导开挖及下导开挖—仰拱施作期间，由于多道施工工序（纵、横向交叉）影响，变形量较大。

DK389+880 断面拱顶及周边收敛一、二、三测线变形量分别为 32.4 mm、36 mm、40.1 mm、56.2 mm。拱顶下沉量最小，收敛三测线变形最大，且变形量值均比加强衬砌段稍大。

2. 变形速率分析（图 5-35、图 5-37）

DK390+050 断面：① 3 月 4 日—3 月 7 日变形较大的原因为上导纵向循环开挖影响和下

导施工开挖循环进尺，造成 3 月 7 日周边收敛一、二测线当日变形突出，收敛变形量为 11.4 mm、12.7 mm。② 3 月 7 日—3 月 10 日变形较大原因为 3 月 10 日开挖施作仰拱初支，造成周边收敛一、二测线当日变形突出，日收敛变形量为 11.6 mm、9.4 mm。拱顶下沉无较大变化，数据稳定。③ 根据图中监测数据分析得出：在隧道拱腰位置增设使用限阻器后，在变形趋于稳定之前，拱顶下沉速率均值为 2.28 mm/d，最大速率为 8.2 mm/d；收敛线一速率均值为 1.98 mm/d，最大速率为 11.6 mm/d；收敛线二速率均值为 1.87 mm/d，最大速率为 12.7 mm/d。④ 从监测结果可以看出：在拱腰部位使用限阻器后，拱顶下沉和周边收敛的初期速率减小；同时，在隧道拱腰部位使用限阻器后，上台阶与中台阶交接部位初支混凝土未再出现剥皮现象。限阻器对初支内力破坏的控制效果比较明显。

DK389+880 断面在变形稳定前，拱顶下沉速率均值为 0.71 mm/d，最大速率为 6.2 mm/d；收敛线一速率均值为 0.72 mm/d，最大速率为 4.9 mm/d；收敛线二速率均值为 0.70 mm/d，最大速率为 6.9 mm/d；收敛线三速率均值为 1.15 mm/d，最大速率为 8.1 mm/d。

综合变形累计值和变形速率的监测结果来看，从上导开挖，安装拱顶测点之后，约需要 55 d 时间变形才能达到稳定，且收敛测线三变形最大。使用限阻器后，初期支护混凝土未出现剥落破坏，虽然变形量比加强衬砌前变形更大，但能够明显地看到，使用限阻器让整个开挖过程中的变形速率都减小了，但变形稳定的周期增大了一倍多。

5.4.5　对比分析

通过未处理地段、加强衬砌段以及使用限阻器段监测数据的对比可以看出：未处理地段的变形不是很大，但初期支护的剥裂、衬砌开裂和渗水破坏比较严重，变形稳定的周期大约为 30 d；加强衬砌后，拱顶沉降和周边收敛并未明显减小，甚至略有增大，且测点开始监测时，变形速率较大，但变形稳定的周期仅需 20 d 左右。加强衬砌后，初期支护的剥裂破坏得到了改善，但个别部位仍有初支剥皮的现象；使用限阻器后，初期变形速率较加强衬砌段有一定的缓解，但其累计拱顶下沉量和周边收敛的累计值要比加强衬砌段更大，变形稳定的周期约 55 d，但初期支护未出现剥皮破坏情况。这从另一方面证明了围岩结构的支护特征曲线，即：若是允许支护结构适当变形，支护结构的内力会减小。

5.5　王家湾隧道

5.5.1　工程概况

王家湾隧道位于陕西省延安市安塞县王家湾乡，隧道最大埋深约 220 m，最浅埋深约 20 m，进口里程 DK266+945，出口里程 DK274+233，全长 7 288 m。王家湾隧道开挖工法为三台阶开挖法，洞内主要穿越粉质黏土，全风化、强风化细砂岩，围岩主要为Ⅳ级和Ⅴ级。

1. 地质情况

王家湾隧道地处中朝古地台鄂尔多斯盆地伊陕斜坡区，区内地质构造相对简单。褶皱和断裂不发育，地势东高西低，总体上为一倾向西—西北的单斜构造。隧址区广布白垩系下统砂岩，斜层理极其发育。区域上无大的构造活动，无大型褶皱和断层，地质构造简单。隧道冲沟底部有流水，水面高程约为 1 302 m。地表水主要为大气降水及基岩裂隙水渗出形成地表径流，主要由大气降水补给，以蒸发、地表径流及渗入为排泄条件，受季节性降水影响大，雨季水量大且集中，非雨季无水或水量较少。

王家湾隧道 2 号斜井正洞 DK271+340～840 段长 500 m，隧道洞身地层为砂岩，强风化，砂质结构，厚层至巨厚层状交错层理结构，岩质较软，节理裂隙发育，呈块碎状镶嵌结构。勘测期间存在基岩裂隙水，埋深为 14.7 m，水位高程 1 302.67 m，水位变幅 2.0～5.0 m。水面埋深位于开挖面以上，局部斜层理破碎地段可能会赋存较多地下水，主要受地下水径流补给，水量较大，隧道围岩等级 V 级。该段典型断面地质素描情况见图 5-38、图 5-39。

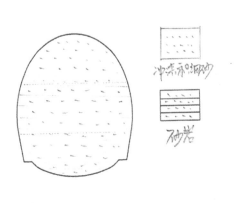

图 5-38　DK271+545 断面地质素描情况

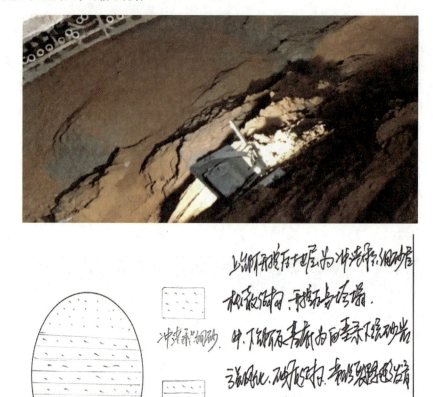

图 5-39　DK271+590 断面地质素描情况

2. 量测目的

加强对已支护地段的量测，不仅能掌握围岩变形特征，也是直接判断初期支护是否安全可靠的一个重要方法，对预防"回头"塌方有着不可估量的作用。

（1）监测围岩变形和压力情况，验证支护衬砌的设计效果，保证围岩稳定和施工安全。

（2）提供判断围岩和支护系统基本稳定的依据，确定二次衬砌与仰拱的施作时间。

（3）通过对量测数据的分析处理，掌握地层稳定性变化规律，预见事故和险情，作为调整和修正支护设计参数、施工方法及变更设计的依据，提供围岩和支护衬砌最终稳定的信息。

5.5.2　预警情况

（1）监控量测小组进行围岩量测，数据分析发现 2016 年 6 月 17 日 15:45 DK271+545 处水平收敛变化较大，在重新复测确认后，上传数据。预警信息如下：

① DK271+545 黄色预警，日收敛值 0.96 mm；

② DK271+545 黄色预警，累计收敛值 13.47 mm。

（2）监控量测小组进行围岩量测，数据分析发现 2016 年 10 月 6 日 10:32 DK271+590 处水平收敛变化较大，在重新复测确认后，上传数据。预警信息如下：

① DK271+590 黄色预警，日收敛值 1.68 mm；

② DK271+590 黄色预警，累计收敛值 46.51 mm。

（3）预警处理机制。

2016 年 6 月 18 日，蒙陕指挥部在 12:26 收到王家湾隧道 2 号斜井正洞大里程方向 DK271+545 黄色预警后，工区立即组织工程技术部、质量安全部到现场，会同铁四院（湖北）工程监理项目部、中铁十八局集团 MHTJ-5 标项目经理部到王家湾隧道 2 号斜井进行现场察看，对黄色预警情况和现场应急处理措施进行研究讨论（图 5-40）。

图 5-40　DK271+545 断面预警处理情况

2016 年 10 月 6 日，蒙陕指挥部在 11:48 收到王家湾隧道 2 号斜井正洞大里程方向 DK271+590 黄色预警后，工区立即组织工程技术部、质量安全部到现场，会同铁四院（湖北）工程监理项目部、中铁十八局集团 MHTJ-5 标项目经理部到王家湾隧道 2 号斜井进行现场察看，对黄色预警情况和现场应急处理措施进行研究讨论（图 5-41）。

图 5-41　DK271+590 断面预警处理情况

（4）原因分析。

① 该段位于强风化地层中，地层为砂质结构，厚层至巨厚层状交错层理结构，岩质较软，节理裂隙发育，呈块碎状镶嵌结构，局部斜层理破碎地段可能会赋存较多地下水，主要受地下水径流补给，水量较大。

② 隧道埋深约 11.4 m，地层为砂岩，全风化，呈角砾状松散结构。

③ 该段落格栅钢架尚未封闭成环。

针对上述情况，经业主、监理、设计、施工单位研究并制定处理措施，对现场处理提出按照"勤量测、早封闭、快支护"的原则，对开裂段落进行加固补强，确保施工和结构安全。同时，要求监控量测组对加固圈拱顶沉降、周边收敛变形进行加密测量，并同步开展王家湾隧道相关里程段相应部位应力测试及分析工作。

5.5.3 监测数据分析

1. DK271+545 断面

DK271+545 断面监测数据及其分析如图 5-42 ~ 图 5-47 所示。

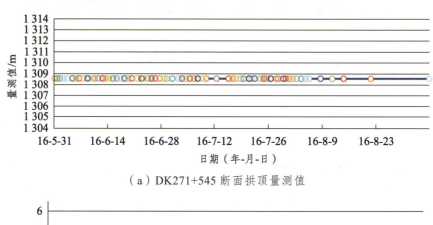

（a）DK271+545 断面拱顶量测值

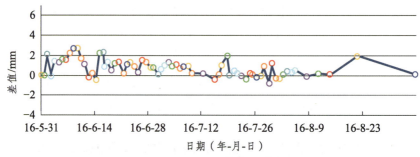

（b）DK271+545 断面拱顶变形速率

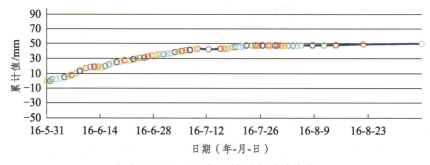

（c）DK271+545 断面拱顶变形累计值

图 5-42　DK271+545 断面拱顶监测情况（监测系统图）

监控量测数据处理分析表   编号：

项目名称	蒙华铁路	隧道名称	王家湾隧道	测点布置简图
标段	NHTJ-05 标	测点里程	DK271+545	
测点编号	DK271+545（Ⅴ）G001	测点所在位置	拱顶下沉	
初读数日期	2016-05-31	数据处理日期	2016-07-26	

时态曲线回归分析处理（判断位移量大小和变化速率、综合判断围岩和支护结构的稳定性）：

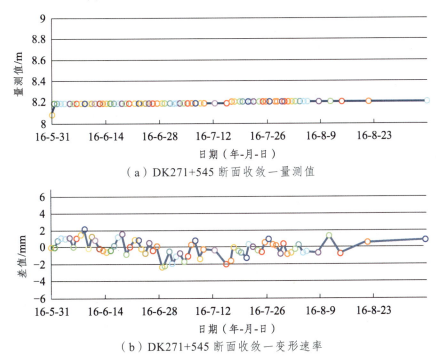

图 5-43　DK271+545 断面拱顶累计监测分析情况

（a）DK271+545 断面收敛—量测值

（b）DK271+545 断面收敛—变形速率

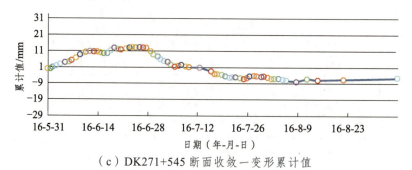

（c）DK271+545 断面收敛一变形累计值

图 5-44　DK 271+545 断面收敛一监测情况（监测系统图）

监控量测数据处理分析表　　　　　　编号：

项目名称	蒙华铁路	隧道名称	王家湾隧道	测点布置简图
标段	MHTJ-05 标	测点里程	DK271+545	
测点编号	DK271+545（Ⅴ）SL01	测点所在位置	周边收敛（全站仪）	
初读数日期	2016-05-31	数据处理日期	2016-07-26	

时态曲线回归分析处理（判断位移量大小和变化速率、综合判断围岩和支护结构的稳定性）：

累计值/mm
● 累计值/mm
● 回归值/mm

量测日期（年-月-日）

图 5-45　DK271+545 断面收敛一累计监测分析情况

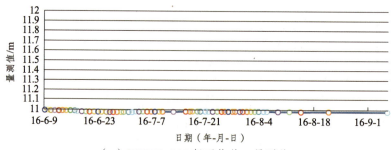

（a）DK271+545 断面收敛二量测值

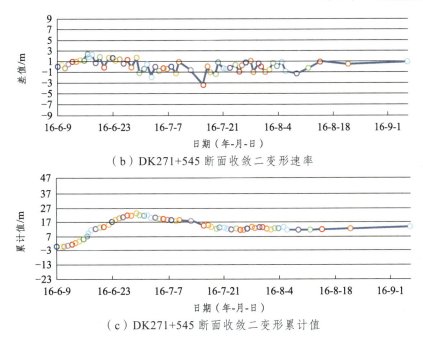

（b）DK271+545 断面收敛二变形速率

（c）DK271+545 断面收敛二变形累计值

图 5-46　DK271+545 断面收敛二监测情况（监测系统图）

监控量测数据处理分析表　　　　　　　　　　编号：

项目名称	蒙华铁路	隧道名称	王家湾隧道	测点布置简图
标段	MHTJ-05 标	测点里程	DK271+545	
测点编号	DK271+545（Ⅴ）SL02	测点所在位置	周边收敛（全站仪）	
初读数日期	2016-06-09	数据处理日期	2016-07-13	

时态曲线回归分析处理（判断位移量大小和变化速率、综合判断围岩和支护结构的稳定性）：

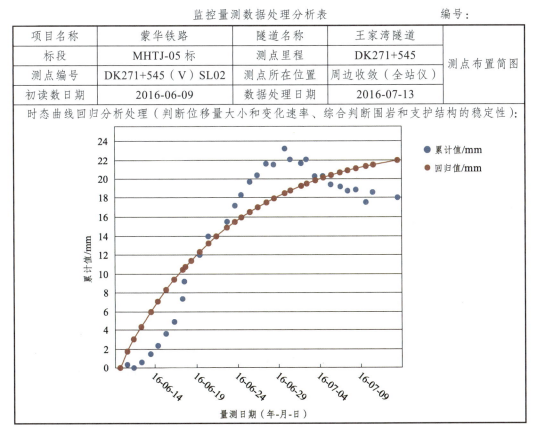

图 5-47　DK271+545 断面收敛二累计监测分析情况

围岩变形情况：断面 DK271+545 仰拱封闭前拱顶、周边收敛累计变形量分别为 40.6 mm、12.99 mm、23.21 mm。从以上数据情况可以看出：周边收敛变形在仰拱初支封闭后，变形得到有效抑制，周边收敛在加固圈形成后变形量占总变形量的 46.4%，周边收敛变形量远远小于拱顶的变形；拱顶在加固圈形成后变形量占总变形量的 40.6%，说明目前隧道断面加固圈施作完成后累计变形量大于仰拱初支封闭之前的累计变形量。这说明一次性初期支护强度到位可以更有效地控制围岩的变形。

2. DK271+590 断面

DK271+590 断面监测数据及其分析如图 5-48~图 5-53 所示。

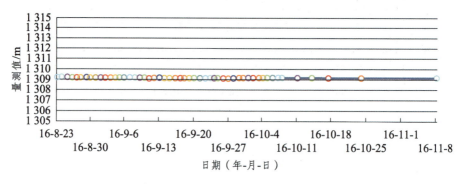

（a）DK271+590 断面拱顶量测值

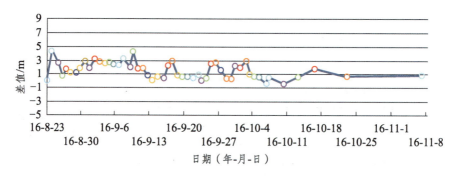

（b）DK271+590 断面拱顶变形速率

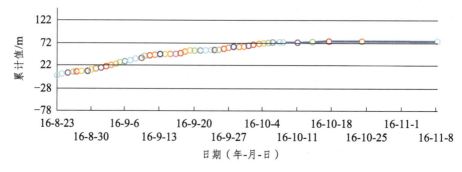

（c）DK271+590 断面拱顶变形累计值

图 5-48　DK271+590 断面拱顶监测情况（监测系统图）

监控量测数据处理分析表　　　　　　　　编号：

项目名称	蒙华铁路	隧道名称	王家湾隧道	测点布置简图
标段	MHTJ-05 标	测点里程	DK271+590	
测点编号	DK271+590（Ⅴ）G001	测点所在位置	拱顶下沉	
初读数日期	2016-08-23	数据处理日期	2016-11-08	

时态曲线回归分析处理（判断位移量大小和变化速率、综合判断围岩和支护结构的稳定性）：

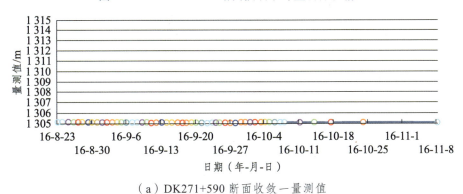

图 5-49　DK271+590 断面拱顶累计监测分析情况

（a）DK271+590 断面收敛—量测值

（b）DK271+590 断面收敛—变形速率

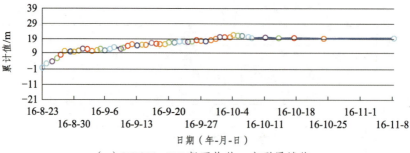

（c）DK271+590 断面收敛—变形累计值

图 5-50　DK271+590 断面收敛—监测情况（监测系统图）

监控量测数据处理分析表　　　　　　　　　　　　　编号：

项目名称	蒙华铁路	隧道名称	王家湾隧道	测点布置简图
标段	MHTJ-05 标	测点里程	DK271+545	
测点编号	DK271+590（Ⅴ）SL01	测点所在位置	周边收敛（全站仪）	
初读数日期	2016-08-23	数据处理日期	2016-11-08	

时态曲线回归分析处理（判断位移量大小和变化速率、综合判断围岩和支护结构的稳定性）：

● 累计值/mm
● 回归值/mm

图 5-51　DK271+590 断面收敛—累计监测分析情况

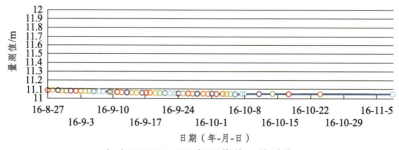

（a）DK271+590 断面收敛二量测值

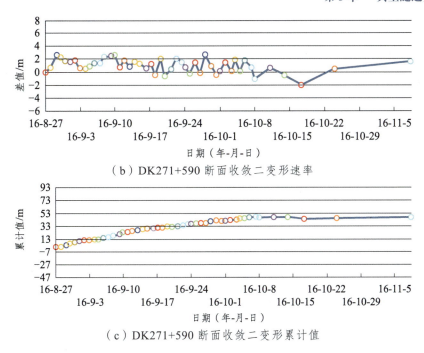

（b）DK271+590 断面收敛二变形速率

（c）DK271+590 断面收敛二变形累计值

图 5-52 DK271+590 断面收敛二监测情况（监测系统图）

监控量测数据处理分析表   编号：

项目名称	蒙华铁路	隧道名称	王家湾隧道	
标段	MHTJ-05 标	测点里程	DK271+590	测点布置简图
测点编号	DK271+590（V）SL02	测点所在位置	周边收敛（全站仪）	
初读数日期	2016-08-27	数据处理日期	2016-11-08	

时态曲线回归分析处理（判断位移量大小和变化速率、综合判断围岩和支护结构的稳定性）：

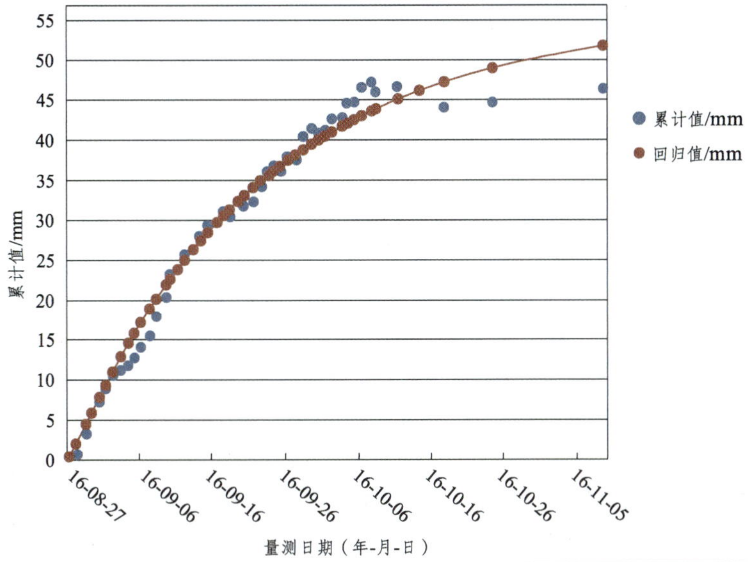

- 累计值/mm
- 回归值/mm

图 5-53 DK271+590 断面收敛二累计监测分析情况

151

围岩变形情况：断面 DK271+590 仰拱封闭前拱顶、周边收敛累计变形量分别为 72.5 mm、20.26 mm、42.73 mm。从以上数据情况可以看出：拱顶变形在仰拱初支封闭后，变形得到有效抑制，但是周边收敛在加固圈形成后变形量还占总变形量的 85%，说明加固圈的支护强度不足以抵抗当前围岩的应力，这也从暴露出的格栅拱架钢筋出现扭曲变形的现象得到印证；拱顶在加固圈形成后变形量还占总变形量的 72.5%，并且拱顶位置围岩应力大于拱腰位置围岩应力，说明目前隧道断面受力不是最优状态，可以优化隧道截面曲率，使隧道结构受力得到优化。

5.5.4　施工建议

根据上述围岩变形监测情况，为了保证施工安全和有效控制围岩变形，建议采取如下优化措施：

（1）优化断面形式，适当增大拱、墙断面曲率，以改善支护结构受力，主要是改善拱顶、拱腰部位的受力状态。

（2）整个隧道的拱顶沉降小于 100 mm，周边收敛小于 50 mm，建议隧道初期施工后至少进行 3 个月的应力释放，根据应力释放情况，施作二次衬砌。为防止变形侵限，建议适当增加初期支护预留变形量，建议不小于 150 mm，以便使地应力能够得到比较充分的释放。

（3）建议采用双层初期支护：第一层为柔性支护，环向主筋应不小于 $\phi23$ mm，应力释放后，施作第二层支护；第二层为刚性支护，建议采用 H230 型钢及锚管网混凝土，锚杆长度不小于 4.0 m，可采用预应力锚杆。建议初期支护喷混凝土中增加微纤维，以改善混凝土性能。

（4）应加强初期支护和二次衬砌背后回填灌浆，以保证支护结构受力均匀。

（5）应对初期和二衬围岩变形状况进行监测，根据监测结果，优化设计和施工方案及参数。

5.6　石岩岭隧道

5.6.1　项目整体工程概况

石岩岭隧道位于江西省宜丰县车上乡境内，隧道进出口里程分别为 DK1700+079.03、DK1701+723.95，隧道全长 1 644.92 m。其中：DK1700+079.03 ~ DK1701+004 为单线单洞结构，长 924.97 m；出口段 DK1701+723.95 ~ DK1701+004 为燕尾式隧道，长 719.95 m，其中 DK1701+713.95 ~ 570 段 143.95 m 为三线大跨隧道，隧道加宽 6 m，净空为 18.74 m × 14.24 m，隧道断面面积为 210.6 m^2。预留 II 线起点里程为 DK1701+920，终点里程为 DK1701+090，长 170 m。隧道进出口内轨顶面设计标高分别为 183.395 m、176.715 m。隧道最大埋深约 178.8 m。II 级围岩 630 m，III 级围岩 350 m，IV 级围岩 360 m，V 级围岩 279.92 m。

（1）地形、地貌。

隧道区属于剥蚀低山地貌，地形起伏较大，自然坡度多在 10°~50°，局部陡峻，植被发育，多为高大茂密乔木和毛竹，谷地多辟为农田、村庄。

（2）地层岩性。

地表为第四系残坡积层(Q^{el+dl})粉质黏土，下伏基岩为雪峰期晚期第一次斜长闪长岩($\gamma\delta_2^{2a}$)。

（3）不良地质。

区域内地质构造发育，主要表现为断层发育。

F_1 断层：发育于斜长闪长岩（$\gamma\delta_2^{2a}$）中，与线路交于 DK1700+660 附近，夹角为 68°，物探电阻率低阻异常，带内岩石节理裂隙发育，岩体破碎。

F_2 断层：发育于斜长闪长岩（$\gamma\delta_2^{2a}$）中，与线路交于 DK1701+360 附近，夹角为 88°，物探电阻率低阻异常，带内岩石节理裂隙发育，岩体破碎。

（4）气象、水文。

地下水主要类型为基岩裂隙水及风化层中的孔隙水，裂隙水主要赋存于基岩风化裂隙中，其主要补给来源为地下水的渗透，向低洼处径流排泄。全隧道洞身涌水量最大为 752.4 m^3/d。围岩富水程度为中等富水区。涌水量预测如表 5-23 所示。

表 5-23　涌水量预测

估算涌水量范围	Q_S/（m^3/d）	Q_{max}/（m^3/d）	q_0/[m^3/（d·m）]	围岩富水程度
F_1 断层破碎带及影响带	331.0	429.4	9.54	强富水区
F_2 断层破碎带及影响带	84.9	110.1	1.84	中等富水区
全隧道	579.9	752.4	0.46	弱富水区

5.6.2　工艺工法

超前支护：洞口浅埋土石分界段设 63.95 m 长的 ϕ108 mm 长管棚。IV_{kc} 级围岩设 ϕ50 mm 超前小导管，IV_b 级围岩设 ϕ50 mm 超前小导管 40 m 长（每根长 3 m）径向注浆。

开挖方法：隧道出口 10 m 明洞，采用明挖法施工，V_{kc} 级围岩采用三台阶临时仰拱工法（上台阶预留核心土），IV_{kc}、IV_b 级围岩采用三台阶临时仰拱法开挖，III_{kc} 级围岩采用三台阶法开挖，II_{ka}、II_{kb}、III_a、III_{mk} 级围岩采用台阶法开挖[25]。

安全隐患：

（1）隧道出口临时边仰坡开挖坡度较大，边仰坡高度在 10 m 左右，边仰坡防护按照原设计采用打 ϕ22 mm 砂浆锚杆，铺设 ϕ8 mm 钢筋网（网格 20 cm×20 cm），C25 喷射混凝土 10 cm 进行防护，不能满足边仰坡稳定，存在安全隐患。

（2）洞口导向墙基础为粉质黏土，地基承载力较差，导向墙拱顶 12 d 累计沉降 4.13 cm，沉降量较大，不能满足施工需要，存在安全隐患。

（3）进口段暗洞为浅埋偏压隧道，隧道初期支护采用格栅拱架，初期强度较差，拱顶下沉及边墙收敛较大，存在安全隐患。

（4）根据监控量测数据，隧道整体向线路右侧移动，根据隧道开挖展露岩层为全风化花岗岩上覆粉质黏土，且洞口施工过程中边仰坡开挖坡度大，由于隧道上覆围岩压力和自重压力较大，地基承载力不够，且隧道受偏压较为严重。

5.6.3　监控量测情况

由于该段隧道断面尺寸较大，按三台阶临时仰拱法施工时，在拱顶设置一个测点，在其左右 4 m 处各布设一个测点，上、中台阶拱脚处各设一个测点，每个断面共布设 7 个测点。监控量测频率，从每日 1 次增加为每日 2 次，监控量测断面间距从 5 m 减小至 3 m。

DK1701+708 断面施工工序如图 5-54 所示，其拱顶下沉及速率时态曲线如图 5-55 和图 5-56 所示。

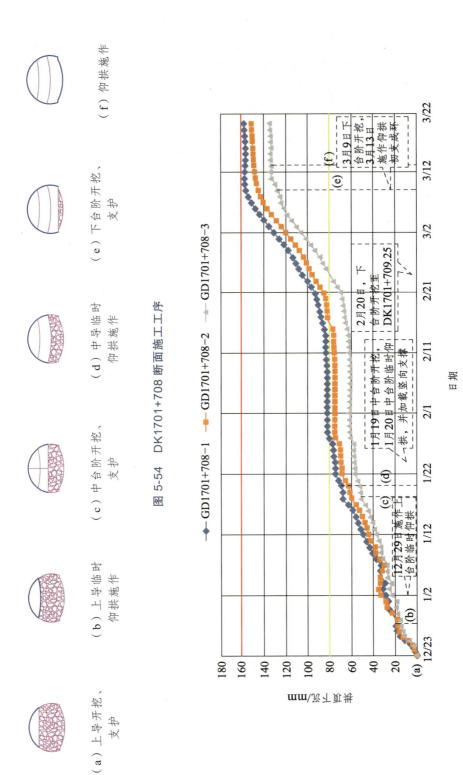

图 5-54 DK1701+708 断面施工工序

图 5-55 DK1701+708 断面拱顶下沉累计时态曲线图

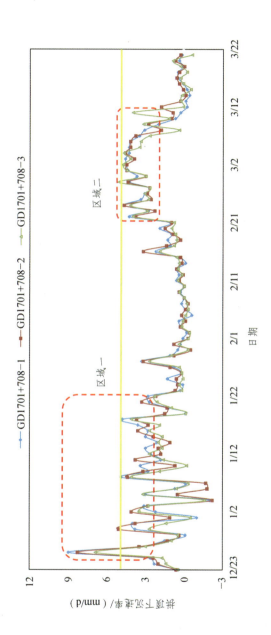

图 5-56　DK1701+708 断面拱顶下沉速率时态曲线

由拱顶下沉累计、速率时态曲线图并结合施工工序影响分析意见如下：

（1）累计变形阶段分布（图 5-55）：

①上导开挖—中导开挖期间，变形量约为 60 mm。

②中导开挖—下导开挖期间，变形量为 60～80 mm。

③下导开挖—仰拱施作期间，变形量约为 30 mm。

中导开挖—下导开挖期间，由于多道施工工序（纵、横向交叉）影响，变形量较大。

（2）速率变形区域分析（图 5-56）：

①"区域一"12 月 23 日—1 月 22 日变形较大的原因：

上导纵向循环开挖，期间 4.5 m、17 个施工循环进尺，DK1701+708.75～700.05 段 1 月 18 日当日变形较突出。

②"区域二"2 月 21 日—3 月 12 日变形较大原因：

2 月 20 日，DK1701+710.25～709.75 下台阶开挖影响；

3 月 7 日，DK1701+709.25～708.25 下台阶开挖影响；

3 月 9 日，DK1701+708.25～707.25 本断面下台阶开挖；

3 月 10 日，DK1701+707.25～706.25 下台阶开挖影响。

隧道拱部增设 ϕ42 mm 超前小导管（长 4.5 m），纵向 3 m/环，环向间距 0.4 m；初期支护内格栅拱架锁脚锚管由 6 根调整为 10 根；增设临时竖撑等。该断面顺利通过，目前已平稳过渡至Ⅲ级围岩段。

5.6.4　后续施工中的指导

（1）严格按照"管超前、严注浆、短开挖、强支护、快封闭、勤量测"的要求施工。

（2）加强监控量测工作，实时反馈监控量测数据，及时有效处理预警信息。

（3）规范施工，确保工程质量。

（4）严格按设计变更措施执行，控制纵、横向开挖影响，及时封闭成环。

5.6.5　监控量测执行补充意见

（1）结合工程地质条件或其他特殊情况，合理安排监控量测工作，确保全面反映围岩及初支变化情况。

（2）存在偏压或洞口富水破碎段，加强对周边收敛测点的三向位移分析。

（3）必测项目与选测项目的有效结合，综合"应力-应变"分析，判定初支安全状态。如选择代表性或特殊性地段，增设地下水压力、拱架内力、混凝土应变计等选测项目。

5.7　段家坪隧道高地应力水平岩层试验段

5.7.1　试验段项目工程概况

段家坪隧道位于陕西省宜川县秋林镇境内，地处黄土高原残塬区，残塬面窄、短，较为平整，海拔 1 300 m 左右，最低处为河谷，高程约 820 m，残塬周边向塬侵蚀强烈，冲沟发育。

段家坪隧道范围表覆第四系全新统冲积砂质新黄土、砂层及碎石类土、上更新统风积砂质新黄土、冲洪积砂质老黄土、黏质老黄土及砂类土和碎石类土，下伏三叠系砂岩、泥岩等。在 DK453+890 处取芯，检测的岩石单轴饱和抗压强度是 57.7 MPa，DK453+595～DK453+360 段隧道埋深在 350 m 左右。

段家坪隧道位于中朝准地台的陕甘宁台坳的伊陕斜坡和吕梁—铜川隆起的铜川—韩城隆起中。陕甘宁台坳的伊陕斜坡是一个稳定地块，为倾向西北—西西北的单斜构造，断裂褶皱不发育，三叠系砂泥岩为水平岩层，发育 2～3 组节理。铜川—韩城隆起，其为一北倾的复单斜构造，次级褶皱较舒缓。黄龙山基本发育两组节理，区域内发育的节理主要有 NWW、NNE 两组节理，其中 NWW 组较为发育。本区域围岩处于高地应力—极高地应力状态，平均强度应力比为 4.05，接近极高地应力状态。地应力与隧道空间关系见图 5-57。

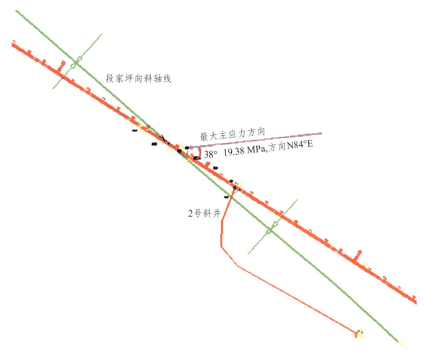

图 5-57　段家坪隧道与地应力关系示意图

5.7.2　试验段概况

段家坪隧道在 DK454+230～DK453+595 段 635 m 已施工段布设测点，测试支护结构的受力及变形情况；同时，在掌子面开展不同支护形式的试验，在 DK453+595～DK453+362 段，分别依次开展缓冲层试验、阻尼器试验、加筋底板+锚杆试验（拱墙 H180、仰拱 H230 格栅拱架）、加筋底板+锚杆试验（全环 H230 格栅拱架）以及箍筋加密+加筋底板试验，在每个试验段埋设监测主断面，对隧道变形、支护结构内力、围岩压力、混凝土应力进行监测。试验段措施及支护参数见表 5-24。

表 5-24　试验段相关信息统计

序号	段落里程	措施/现状	施工方法	支护参数	长度/m	测试内容
1	DK453+595～DK453+560	土工布+高密度海绵做缓冲层	台阶法	拱墙采用 H180 格栅钢架，间距 0.75 m/榀，拱墙喷射 C25 混凝土厚度为 25 cm；仰拱采用 H230 格栅钢架，间距 0.75 m/榀，仰拱喷射 C25 混凝土厚度为 30 cm；全环采用纵 $\phi6$ mm×环 $\phi8$ mm 双层钢筋网片，间距 25 cm×25 cm；仰拱初支中心设置纵向阻尼器	35	变形、全环内力
2	DK453+560～DK453+524	拱顶及仰拱安装阻尼器	台阶法	拱墙采用 H180 格栅钢架，间距 0.75 m/榀，喷射混凝土厚度为 25 cm；仰拱采用 H230 格栅钢架，间距 0.75 m/榀，喷射混凝土厚度为 30 cm；全环采用纵 $\phi6$ mm×环 $\phi8$ mm 双层钢筋网片，间距 25 cm×25 cm；隧道拱顶和仰拱初支钢架中心设置纵向限阻器	36	变形、全环内力
3	DK453+524～DK453+488（拱墙锚杆 H180、仰拱 H230）	拱墙锚杆+加筋底板	台阶法	拱墙采用 H180 格栅钢架，间距 0.75 m/榀，喷射混凝土厚度为 25 cm；仰拱采用 H230 格栅钢架，间距 0.75 m/榀，喷射混凝土厚度为 30 cm；全环采用纵 $\phi6$ mm×环 $\phi8$ mm 双层钢筋网片，间距 25 cm×25 cm；在隧道底部设置 C25 喷射混凝土加筋底板，厚度为 100 cm。加筋底板配筋：主筋 $\phi25@250$，分布筋 $\phi16@250$，箍筋 $\phi8@250×250$；在拱部 120°范围及仰拱加筋底板部位打设 $\phi25$ mm 涨壳式中空锚杆，$L=6$ m，间距 0.8 m×0.8 m（环×纵）；拱脚以上 2.5 m 范围打设中空锚杆 3 根，$L=3$ m，间距 1.0 m×1.0 m（环×纵）	36	变形、全环内力
4	DK453+488～DK453+452（全环 H230）	锚杆+加筋底板	台阶法	全环采用 H230 格栅钢架，间距 0.75 m/榀，喷射混凝土厚度为 30 cm；全环采用纵 $\phi6$ mm×环 $\phi8$ mm 双层钢筋网片，间距 25 cm×25 cm；在隧道底部设置 C25 喷射混凝土加筋底板，厚度为 100 cm。加筋底板配筋：主筋 $\phi25@250$，分布筋 $\phi16@250$，箍筋 $\phi8@250×250$；在拱部 120°范围及仰拱加筋底板部位打设 $\phi25$ mm 涨壳式中空锚杆，$L=6$ m，间距 0.8 m×0.8 m（环×纵）；拱脚以上 3 m 范围打设中空锚杆 3 根，$L=3$ m，间距 1.0 m×1.0 m（环×纵）	36	变形、全环内力

续表

序号	段落里程	措施/现状	施工方法	支护参数	长度/m	测试内容
5	DK453+392~DK453+362	箍筋加密+加筋底板	台阶法	全环采用 H230 格栅钢架,格栅拱架 A 单元箍筋加密,箍筋间距为 25 cm,间距 1.0 m/榀,喷射混凝土厚度为 30 cm;全环采用纵 $\phi6$ mm×环 $\phi8$ mm 双层钢筋网片,间距 25 cm×25 cm;在隧道底部设置 C25 喷射混凝土加筋底板,厚度为 100 cm。 加筋底板配筋:主筋 $\phi25@250$,分布筋 $\phi16@250$,箍筋 $\phi8@250×250$	30	变形、全环内力
6	DK453+770~DK453+746、DK453+690~DK453+680、DK453+620~DK453+630	调整仰拱曲率,拆换仰拱初支	—	调整矢跨比为 1:6,重新安装 H230 格栅拱架,间距与拱墙钢架间距相同,每榀成环,喷射 C25 混凝土,厚度为 30 cm	44	仰拱初支内力、仰拱沉降
7	DK453+705~DK453+709、DK453+655~DK453+659、DK453+610~DK453+614、DK453+780~DK453+784	加强环	—	环向主筋 $\phi20$,纵向 $\phi16$,间距 20 cm×20 cm,喷射 8 cm 厚混凝土	16	变形、加强环内力
8	DK454+230~DK453+960	二衬完成	—	—	270	底板沉降、水平收敛
9	XK00+00~XK00+60	初支完成	—	—	60	底板沉降、水平收敛
10	DK453+888.6~+876.7	施作二衬	—	环向主筋 $\phi18$,间距 20 cm;纵向分布筋 $\phi12$,间距 25 cm;勾筋 $\phi8$,间距 20 cm×25 cm(纵×环)	12	二衬变形、内力

5.7.3　试验段监测情况

1. 试验段监测断面布置

缓冲层试验段在 DK453+590、DK453+580、DK453+570 设 3 个主断面,阻尼器试验段在 DK453+550、DK453+540、DK453+530 设 3 个主断面,锚杆+加筋底板试验段(拱墙 H180、仰拱 H230)在 DK453+515、DK453+505、DK453+495 设 3 个主断面,锚杆+加筋底板试验段(全环 H230)在 DK453+480、DK453+470、DK453+460 设 3 个主断面,箍筋加密+加筋底板试验段在 DK453+385、DK453+375 设 2 个主断面。

主要测试变形及内力,包括拱顶沉降、水平收敛、初支背后围岩压力、初支拱架应力、初支混凝土应变，二衬施作完成后对二衬进行监测。每个主断面拱顶下沉测点 1 个，水平收敛测线 3 组（边墙底上 1 m、初支拱顶下 2 m、最大跨处，均测绝对坐标），测点埋设示意图见图 5-58 ~ 图 5-60。

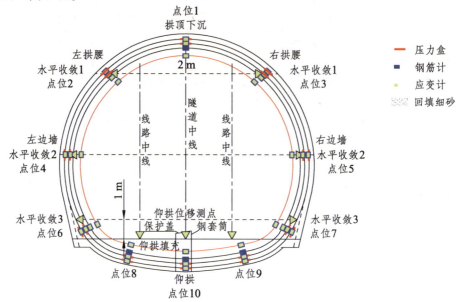

图 5-58　缓冲层、阻尼器试验段测点布设示意图

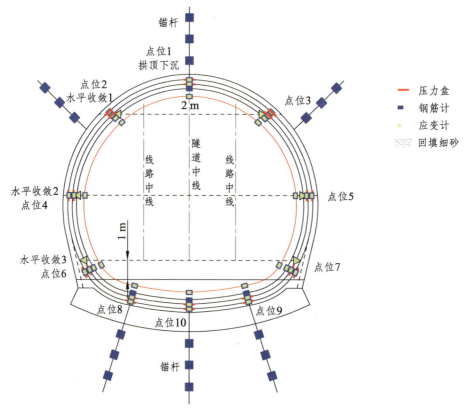

图 5-59　锚杆+加筋底板试验段测点布设示意图

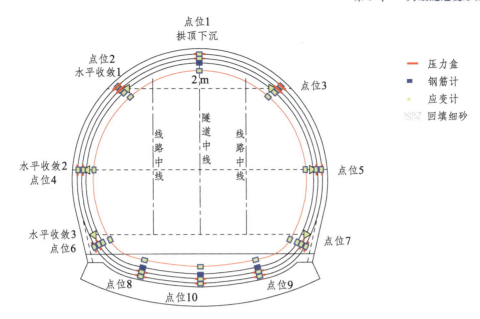

图 5-60　箍筋加密+加筋底板试验段测点布设示意图

2. 试验段监测测点埋设统计

对段家坪隧道高地应力段按支护结构完成状态分段进行测点数量统计，详见表 5-25、表 5-26。

表 5-25　试验段变形测点布设数量汇总表

序号	典型段落	始、终里程	长度/m	拱顶下沉/个	水平收敛/个	隧底变形测点/个	仰拱初支变形/个
1	仅完成初支段与掌子面初支试验段	DK453+769.6 ~ DK453+488	281.6	38	170	—	32
2	正洞仅完成初支、仰拱二衬段	DK454+959.4 ~ DK453+769.6	189.8	15	60	117	—
3	正洞二衬监测	DK454+230 ~ DK453+959.4	270.6	12	24		
4	2号斜井高地应力段	XK00+90 ~ XK00+00	90	10	20	30	—
5	合计			75	274	147	32

表 5-26 内力元器件数量汇总表

变更编号	里程	压力盒/个	钢筋计/个	应变计/个	备注
056	DK453+762	3	6	6	仰拱初支试验段 H230 拱架
	DK453+750	3	6	6	仰拱初支试验段 I22b 钢架
	DK453+685	3	6	6	680～690 仰拱初支换拱
	DK453+625	3	6	6	620～630 仰拱初支换拱
	DK453+784～DK453+780	7	7	7	加强环已施作仰拱段
	DK453+709～DK453+705	10	10	10	加强环未施作仰拱段
	DK453+649～DK453+645	10	10	10	加强环未施作仰拱段
	DK453+614～DK453+610	10	10	10	加强环未施作仰拱段
068	DK453+595～DK453+560	30	60	60	隔离层试验段
076	DK453+560～DK453+524	40	80	80	阻尼器试验段
078	DK453+762	10	20	20	二衬仰拱和二衬拱墙试验段
	DK453+750	3	6	6	二衬仰拱试验段
	DK453+740	3	6	6	二衬仰拱试验段
084	DK453+524～DK453+488	39	132	78	每个断面拱部、仰拱各 3 根带测力计锚杆，每根锚杆 3 个测力计；每个断面加筋底板布设 3 个测点
098	DK453+488～DK453+452	39	132	78	
116	DK453+385	10	20	20	加密箍筋+加筋底板初支试验段
	DK453+375	10	20	20	
122	DK453+355	10	20	20	加密箍筋+H230 钢板型阻尼器初支试验段
	DK453+345	10	20	20	
	DK453+080	10	20	20	加密箍筋+H180 钢板型阻尼器初支试验段
合计		263	597	489	

5.7.4 试验段监测数据分析

5.7.4.1 拱顶沉降、水平收敛情况汇总

洞内试验段沿隧道掘进方向拱顶下沉累计值、周边收敛累计值统计见图 5-61、图 5-62。

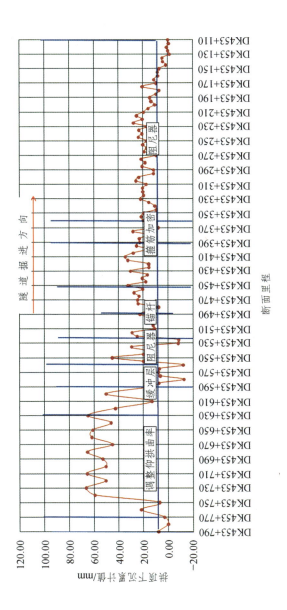

图 5-61 洞内试验段沿隧道掘进方向拱顶累计下沉统计

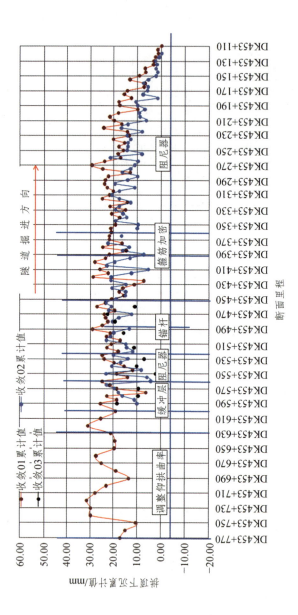

图 5-62 洞内试验段沿隧道掘进方向拱顶下沉累计值统计

5.7.4.2　监测结果分析

1. 典型监测断面分析

DK453+590 断面变形历时曲线如图 5-63 所示。

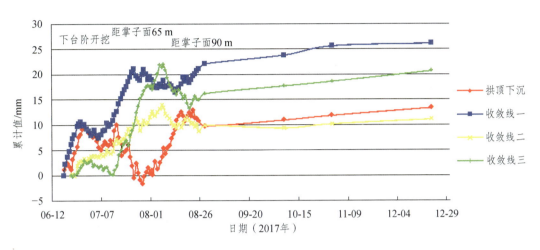

图 5-63　DK453+590 断面变形历时曲线

　　该断面目前拱顶累计下沉 10.9 mm，收敛 1 组累计内敛 23.8 mm，收敛 2 组累计内敛 9.3 mm，收敛 3 组累计内敛 17.7 mm。下台阶滞后上台阶 4 d，下台阶通过时，拱顶下沉 1.1 mm，占当前累计值的 10.1%；收敛 1 组内敛 6.2 mm，占当前累计值的 26.1%。从变形过程来看，下台阶开挖之后，拱顶和收敛 1 组都在快速下沉和内敛，在掌子面距离本断面 65 m、历时 1 个月的时候，变形最大的收敛 1 组变形速率开始减小，逐步趋于稳定；在掌子面距离本断面 90 m、历时近 2 个月的时候，本断面变形开始趋于稳定。

　　DK453+550 断面变形历时曲线如图 5-64 所示。

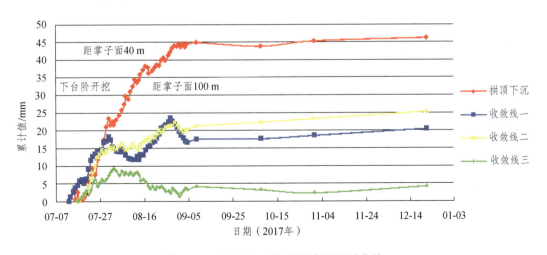

图 5-64　DK453+550 断面变形历时曲线

　　该断面目前拱顶累计下沉 43.8 mm，收敛 1 组累计内敛 17.7 mm，收敛 2 组累计内敛

22.3 mm,收敛 3 组累计内敛 3.2 mm。下台阶滞后上台阶 4 d,下台阶通过时,拱顶下沉 2.6 mm,占当前累计值的 5.9%;收敛 1 组内敛 4.6 mm,占当前累计值的 26.0%。从变形过程来看,下台阶开挖之后,拱顶和收敛都在快速下沉和内敛,在掌子面距离本断面 40 m、历时 20 d 的时候,水平收敛历时曲线出现拐点,速率减小;在掌子面距离本断面 100 m、历时近 50 d 的时候,本断面变形开始趋于稳定。

DK453+515 断面变形历时曲线如图 5-65 所示。

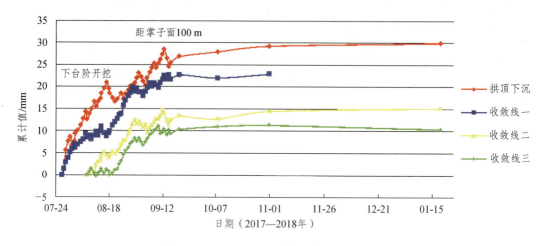

图 5-65　DK453+515 断面变形历时曲线

该断面目前拱顶累计下沉 27.9 mm,1 组收敛累计内敛 22.0 mm,2 组收敛累计内敛 12.6 mm,3 组收敛累计内敛 11.0 mm。下台阶滞后上台阶 12 d,下台阶通过时,拱顶累计下沉 12.5 mm,当前累计值的 44.8%;收敛 1 组内敛 8.5 mm,占当前累计值的 38.6%。从变形过程来看,下台阶开挖之后,拱顶和收敛表现为持续下沉和内敛,在掌子面距离本断面 100 m、历时 45 d 的时候,本断面变形趋于稳定。

DK453+480 断面变形历时曲线如图 5-66 所示。

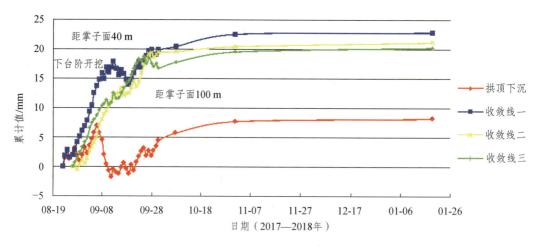

图 5-66　DK453+480 断面变形历时曲线

该断面目前拱顶累计下沉 5.1 mm，收敛 1 组累计内敛 – 20.4 mm，收敛 2 组累计内敛 19.5 mm，收敛 3 组累计内敛 17.7 mm。下台阶滞后上台阶 4 d，下台阶通过时，拱顶累计下沉 – 2.0 mm，占当前累计值的 39.2%；收敛 1 组内敛 – 2.0 mm，占当前累计值的 9.8%。从变形过程来看，下台阶开挖之后，拱顶和收敛表现为持续下沉和内敛；在距离掌子面 40 m、历时 15 d 时，拱顶测点改变变形趋势，由下沉变位上升，收敛 1 组速率降低；在掌子面距离本断面 100 m、历时 35 d 的时候，本断面变形趋于稳定。

DK453+385 断面变形历时曲线如图 5-67 所示。

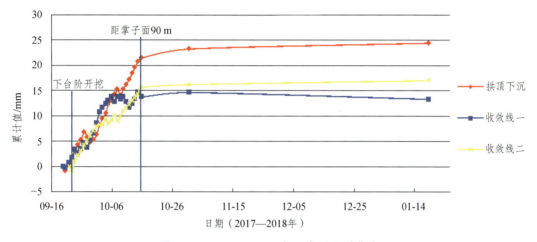

图 5-67　DK453+385 断面变形历时曲线

该断面目前拱顶累计下沉 21.4 mm，1 组收敛累计内敛 13.7 mm，2 组收敛累计内敛 15.6 mm。下台阶滞后上台阶 3 d，下台阶通过时，拱顶累计下沉 1.8 mm，占当前累计值的 8.4%；收敛 1 组内敛 1.7 mm，占当前累计值的 12.4%。从变形过程来看，下台阶开挖之后，拱顶和收敛表现为持续下沉和内敛；在距离掌子面 90 m、历时近 1 个月时趋于稳定。

2. 变形规律分析

拱顶沉降特点：

（1）初支结构距掌子面约 25 m 时，拱顶沉降发生突变，突变量范围为 1~2 cm。

（2）同一测点突变天数较少，一般为 1 d。突变后沉降速率不大于 5 mm/d，之后逐渐趋稳直至稳定。

（3）拱顶沉降突变与初支结构是否封闭成环关系不大。

（4）初支结构开裂段拱顶沉降稳定时较大累计值范围为 7~9 cm。

（5）初支结构开裂段拱顶沉降稳定时累计值大小与工法密切相关。在初支结构封闭成环条件下两台阶法累计值基本都在 5 cm 以内，在初支结构未封闭成环条件下三台阶法较大累计值在 7 cm 左右，全断面法较大累计值范围为 8~9 cm。

周边收敛特点：

周边收敛无突变发生，日变形量均在 5 mm 以内，最大累计值均小于 35 mm。总体来看，边墙稳定，未对初支结构整体稳定性产生不良影响。

5.7.5 试验段不同支护方案对比

根据前期在不同支护形式下采集的数据，进行综合对比分析，具体见表 5-27。

表 5-27 不同支护参数下变形、开裂等情况对比表

类别		缓冲层段	阻尼器段	锚杆+加筋底板1段	锚杆+加劲底板2段	箍筋加密+加筋底板段
变形/mm	拱顶	13.5，上升	43.8，下沉	27.9，下沉	26.5，下沉	29.2，下沉
	水平	23.8，内敛	23.1，内敛	22.1，内敛	24.9，内敛	21.7，内敛
最大围岩压力/MPa		0.97，受压	0.54，受压	0.12，受压	0.16，受压	0.04，受压
最大钢筋应力/MPa		106.31，受压	103.75，受压	72.95，受压	36.25，受压	33.38，受压
最大混凝土应力/MPa		28.34，受压	16.55，受压	8.42，受压	7.83，受压	4.13，受压
稳定历时/d		60	50	45	35	30
稳定时距掌子面/m		110	100	100	110	90
开裂情况		—	拱顶中线两侧不规则翘壳、掉块	拱顶不规则翘壳、掉块	拱顶不规则翘壳、掉块	—
开裂时距掌子面/m		—	17	12	15	—

从表 5-27 中各种数据的对比可以看出：

（1）缓冲层、阻尼器、锚杆+加筋底板试验段都是在距离掌子面 100 m 左右时趋于稳定，箍筋加密+加筋底板试验段在距离掌子面 30 m 时趋于稳定。

（2）缓冲层试验段受力最大，但是没有开裂，说明初支背后的缓冲层给了周边围岩位移的空间，同时也为初支混凝土强度提升争取了时间，从而能承受更大的作用力。

（3）阻尼器试验段在段家坪隧道开裂位置都在拱顶铺装 PVC 管的范围内，后经改良，钢筋型阻尼器改为钢板型阻尼器，并取消了背后的 PVC 管，在如意隧道和阳山隧道使用，开裂情况得到控制。

（4）锚杆+加筋底板试验段和箍筋加密+加筋底板试验段在抵抗周边围岩压力方面效果显著，从监测数据来看，这两个试验段的内力较缓冲层、阻尼器段的内力有明显减小。

5.7.6 推荐方案的理论计算分析

根据现场试验测试结果，我们对缓冲层支护形式、阻尼器支护形式以及加筋底板支护形式进行理论的建模计算，通过理论计算，进一步从理论上验证在高地应力情况下，这几种支护形式的可行性。计算模型见图 5-68，模型尺寸水平向和垂直方向均为 70 m，其中围岩、缓冲层和加筋地板均采用实体单元模拟，而支护结构采用壳体单元模拟。相关计算参数见表 5-28。

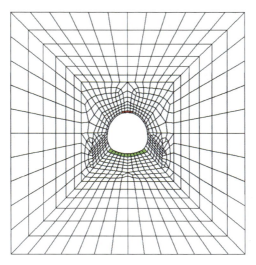

图 5-68　计算模型

表 5-28　模拟计算相关参数

参数类型	重度 /(kN·m⁻³)	弹性模量 /MPa	泊松比	黏聚力 /MPa	内摩擦角 /(°)	抗拉强度 /MPa	本构模型	单元类型
围岩（按Ⅳ级围岩取值）	21 000	900	0.33	0.4	33	0.616	莫尔-库仑模型	实体单元
缓冲层	10 000	$0.4×10^{-3}$	0.45	—	—	—	弹性模型	
加筋底板	2 200	2 000	0.2	—	—	—	弹性模型	
初支结构	2 200	2 500	0.2	—	—	—	弹性模型	结构单元

1. 缓冲层支护形式

本支护形式是在初支结构与围岩之间铺设缓冲层，缓冲层材料按现场试验采用的材料参数进行模拟。初始应力场采用 DK453+590 的围岩压力测试结果进行模拟。荷载大小为：拱顶位置平均应力为 0.44 MPa，隧底位置平均应力为 0.12 MPa，两侧边墙的平均应力为 0.25 MPa。计算结果见图 5-69、图 5-70。

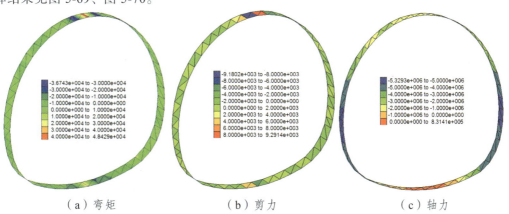

（a）弯矩　　　　　　　　（b）剪力　　　　　　　　（c）轴力

图 5-69　缓冲层支护条件下的初支结构内力

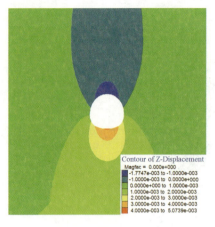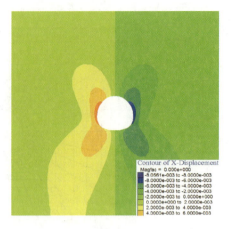

图 5-70　缓冲层支护条件下拱顶沉降（左）和水平收敛（右）变形

从图中可以看到，弯矩和剪力均较小，轴力较大，最大轴力为 531.1 kN，最大压应力为 11.35 MPa。根据铁路隧道设计规范，C25 喷射混凝土偏心抗压强度设计值为 13.5 MPa，相应的安全系数为 1.19，满足要求。

理论计算拱顶沉降最大为 – 1.7 mm，上台阶的水平收敛值最大，为 – 16.1 mm；实测拱顶累计下沉 – 10.9 mm，收敛 1 组累计内敛 – 23.8 mm。通过对比发现，实测数据较理论计算数据稍大，但是拱顶沉降和水平收敛的关系基本一致。

2. 限阻器支护形式

本支护形式是在拱顶安装阻尼器，通过解除拱顶支护结构单元的转动自由度来模拟限阻器作用下支护结构的变形受力。初始应力场采用 DK453+550 的围岩压力测试结果进行模拟。荷载大小为：拱顶位置平均应力为 0.03 MPa，隧底位置平均应力为 0.21 MPa，两侧边墙的平均应力为 0.04 MPa。计算结果图 5-71、图 5-72。

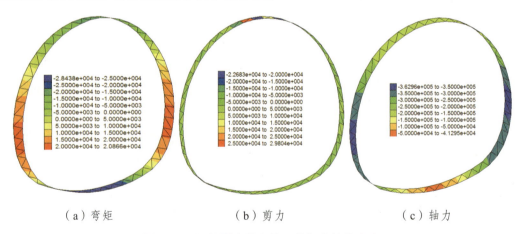

（a）弯矩　　　　　　　（b）剪力　　　　　　　（c）轴力

图 5-71　阻尼器支护条件下的初支结构内力

从图中可以看到，弯矩和剪力均较小，轴力较大，最大轴力为 361.3 kN。换算后的最大压应力为 9.21 MPa，相应的安全系数为 1.47，满足要求。

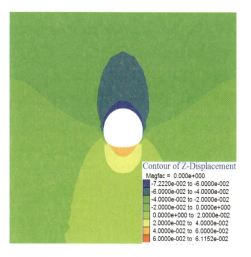 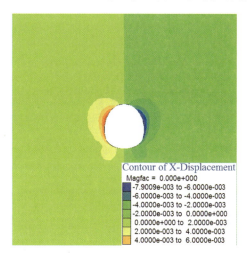

图 5-72　阻尼器支护条件下拱顶沉降（左）和水平收敛（右）变形

理论计算拱顶沉降最大为 – 71.1 mm，中台阶的水平收敛值最大，为 – 15.2 mm；实测拱顶累计下沉 – 43.8 mm，收敛 2 组累计内敛 – 22.3 mm。通过对比，实测数据与理论计算数据方向一致。

3. 加筋底板支护形式

本支护形式是在仰拱初支底下铺设一层加筋混凝土，加筋混凝土按现场试验所用材料参数进行模拟。初始应力场采用 DK453+540 的围岩压力测试结果进行模拟。荷载大小为：拱顶位置平均应力为 0.07 MPa，隧底位置平均用力为 0.15 MPa，两侧边墙的平均应力为 0.08 MPa。计算结果见图 5-73、图 5-74。

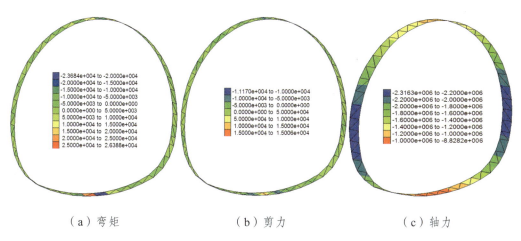

（a）弯矩　　　　　　　（b）剪力　　　　　　　（c）轴力

图 5-73　加筋底板支护条件下的初支结构内力

从图中可以看到，弯矩和剪力均较小，轴力较大，最大轴力为 231.5 kN。换算后的最大压应力为 5.37 MPa，相应的安全系数为 2.51，满足要求。

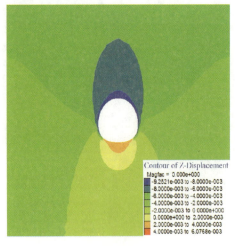 

（a）拱顶沉降　　　　　　　　　　　　（b）收敛

图 5-74　加筋底板支护条件下拱顶沉降（左）和水平收敛（右）变形

理论计算拱顶沉降最大为 – 9.1 mm，中台阶的水平收敛值最大，为 – 19.3 mm；实测拱顶累计下沉 – 17.5 mm，收敛 2 组累计内敛 – 19.8 mm。通过对比，理论计算数据和实测数据基本吻合。

从以上几种计算结果来看，3 种支护形式在当前的地质条件下安全系数都在 1.1 以上，满足要求。理论计算的拱顶沉降和水平收敛数据与实测数据基本吻合，并且理论计算的拱顶沉降和水平收敛之间的关系与实测一致。在后续施工过程中，可以根据地质情况采用一种或几种组合的方式进行支护，以保证支护结构安全。

5.7.7　结论及建议

1. 结论

（1）从变形监测的数据来看，段家坪隧道各段的变形值都在控制标准允许范围内，没有黄色、红色预警，目前支护结构安全。

（2）从内力监测的数据来看，各试验段拱架钢筋应力都在设计值的30%以内，初支混凝土则出现了局部应力集中现象，个别部位混凝土应力超过了设计值和极限值，导致混凝土局部破坏。

（3）受到时间、空间效应影响，历时 2 个月左右、距离掌子面超过 100 m 之后，初支结构及其背后围岩趋于稳定。

（4）对监测数据进行纵向对比分析发现，段家坪隧道从缓冲层段开始，围岩压力、拱架钢筋应力、混凝土应力往小里程方向是逐步递减的。

（5）从变形、内力监测的稳定历时来看，建议二衬距离掌子面至少 100 m，此时变形和内力都已趋于稳定，说明周边围岩应力场重新分布完毕，同时掌子面的爆破作业触发应力重新分布的可能性也较小。

（6）对开裂剥落的段落应该补喷；拱架扭曲的位置应用同直径的钢筋绑焊后将扭曲的钢

筋截除，滞后挂网喷浆处理；然后对处理的侵限部位进行凿除，确保二衬厚度。

2. 建议

依据对各种支护方案的对比分析，对高地应力条件下施工支护形式建议如下：

（1）在轻微岩爆即强度应力比为 4~7 的条件下，建议采用缓冲层进行支护，拱架参数根据实际情况调整，并预留注浆孔，在变形稳定后对初支背后进行回填注浆处理。

（2）在中等岩爆即强度应力比为 2~4 的条件下，建议采用阻尼器进行支护，拱架参数根据实际情况调整，通过阻尼器的变形让地应力得到逐步释放。

（3）在强烈岩爆及以上即强度应力比小于 2 的条件下，建议采用加筋底板与阻尼器进行组合支护，拱架参数及加筋底板参数根据实际情况调整。

5.8　中条山隧道 F_7 断层变形段围岩变形及初支结构内力

5.8.1　工程概况

中条山隧道 1 号斜井正洞左线 DK620+525~+745、右线 DK620+535~+755 段洞身穿越中条山 F_7 主干断层，断层及影响带长 220 m，该段埋深约 630 m，现场揭示断层带内围岩为太古界洞沟组涑水杂岩，岩性以斜长片麻岩为主，其次为角闪岩、辉绿岩，节理裂隙极发育，岩脉产状不稳定，分布无规律；受构造运动影响，岩体破碎，胶结性差，强度低，无地下水，围岩级别为 V 级。该段典型断面地质素描情况见图 5-75~图 5-77。

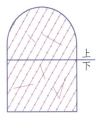

上台阶：DK620+624.70
下台阶：DK620+618.70

掌子面揭示围岩为太古界洞沟组涑水杂岩，灰色、弱—强风化，节理裂隙发育，多为宽张节理，受构造运动影响，岩体破碎，胶结性差，岩体强度较低，节理短小杂乱，地下水不发育。

施工过程中应密切关注掌子面围岩变化和地下水情况，严格控制开挖进尺，在每开挖循环施作加深炮孔，加强超前探测，并结合超前地质预报资料进一步确定前方围岩及地下水情况，确保隧道施工安全。

图 5-75　DK620+625 断面地质素描情况

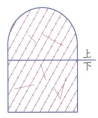

上台阶：DK620+621.70
下台阶：DK620+615.70

掌子面揭示围岩为太古界洞沟组涑水杂岩，灰色、弱—强风化，节理裂隙发育，多为宽张节理，受构造运动影响，岩体破碎，胶结性差，岩体强度较低，节理短小杂乱，地下水不发育。

施工过程中应密切关注掌子面围岩变化和地下水情况，严格控制开挖进尺，在每开挖循环施作加深炮孔，加强超前探测，并结合超前地质预报资料进一步确定前方围岩及地下水情况，确保隧道施工安全。

图 5-76　DK620+620 断面地质素描情况

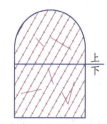

上台阶：DK620+614.70
下台阶：DK620+608.70

掌子面揭示围岩为太古界洞沟组涑水杂岩，灰色，弱—强风化，节理裂隙发育，多为宽张节理，受构造运动影响，岩体破碎，胶结性差，岩体强度较低，节理短小杂乱，局部有少量渗水。

施工过程中应密切关注掌子面围岩变化和地下水情况，严格控制开挖进尺，在每开挖循环施作加深炮孔，加强超前探测，并结合超前地质预报资料进一步确定前方围岩及地下水情况，确保隧道施工安全。

图 5-77　DK620+615 断面地质素描情况

1. 预警情况

2016 年 12 月 4 日 10:04，监控量测小组进行围岩量测数据分析发现 DK620+620、DK620+625 处水平收敛和拱顶沉降变化较大，在重新复测确认后，于 12:57 上传数据。预警信息如下：

DK620+620 红色预警，日沉降值 10.1 mm；

DK620+620 红色预警，日收敛值 12.07 mm；

DK620+625 黄色预警，日沉降值 7.4 mm；

DK620+625 红色预警，日沉降值 12.81 mm。

2. 预警处理机制

2016 年 12 月 4 日，晋豫指挥部在 12:57 收到中条山隧道 1 号斜井正洞左线出口方向红色预警后，立即组织工程技术部、质量安全部到现场，会同四川铁科 MHJL-4 标监理项目部、隧道院、中铁隧道集团 MHSS-3 标项目经理部到中条山隧道 1 号斜井现场察看，对红色预警情况和现场应急处理措施进行研究讨论。

3. 原因分析

（1）该段位于 F_7 断层破碎带（DK620+525 ~ DK620+745）中心段落，围岩为太古界洞沟组涑水杂岩，强风化，节理裂隙发育，岩体破碎，胶结性差，属软岩—极软岩。

（2）隧道埋深约 630 m，存在高地应力。

（3）该段落格栅钢架尚未封闭成环。

针对上述情况，经业主、监理、设计、施工单位研究并制定处理措施，对现场处理提出按照"宁强勿弱"的原则，对开裂段落进行加固补强，确保施工和结构安全的要求。同时，要求监控量测组对加固圈拱顶沉降、周边收敛变形加密测量，并同步开展中条山隧道左、右线相关里程段相应部位应力测试及分析工作。

在中条山隧道 1 号斜井左线大里程方向加固圈相应部位布设了"围岩压力""钢架内力"及"围岩变形"测试项目，自 2016 年 12 月 8 日起，至今共布设断面 6 个、钢筋计 30 个，采取有效数据 132 天次，土压力盒测点 30 个，采取有效测量数据 132 天次；右线大里程方向加固圈相应部位布设了"围岩压力""钢架内力"测试项目，至今共布设断面 5 个、钢筋计 25 个，采取有效数据 85 天次，土压力盒测点 25 个，采取有效测量数据 85 天次。详见表 5-29。

表 5-29　变形数据及现场工况情况汇总表

线路	里程断面	钢筋计		土压力计		变形测点		总计
		布点数/个	数据/天次	布点数/个	数据/天次	布点数/个	数据/天次	数据天次
左线	DK620+634	5	19	5	19	5	19	57
	DK620+628	5	23	5	23	7	23	69
	DK620+625	5	29	5	29	7	31	93
	DK620+620	5	25	5	25	11	29	87
	DK620+615	5	25	5	25	7	27	81
	DK620+612	5	11	5	11	5	15	45
总计		30	132	30	132	42	144	432
右线	DK620+630	5	5	5	5	—	—	10
	DK620+625	5	12	5	12	—	—	24
	DK620+614	5	20	5	20	—	—	40
	DK620+607	5	24	5	24	—	—	48
	DK620+596	5	24	5	24	—	—	48
总计		25	85	25	85	0	0	170

4. 断面布设依据

依据《浩吉铁路中条山隧道专题会议纪录》相关要求并结合中条山隧道 1 号斜井正洞左线大里程方向实际情况，布设结构内力测试断面，见图 5-78。

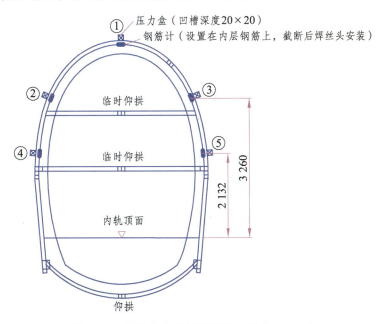

图 5-78　结构内力布设示意图（单位：mm）

拱顶沉降:"+"表示下沉,"-"表示隆起;

周边收敛:"-"表示扩张,"+"表示收敛;

拱架内力:"+"表示拱架受拉力,"-"表示拱架受压力;

围岩压力:"+"表示围岩压力,"-"表示布点失败;

锚杆轴力:"+"表示锚杆受拉力,"-"表示锚杆受压力。

加固圈测试断面结构内力现场布设情况如图 5-79 所示。

  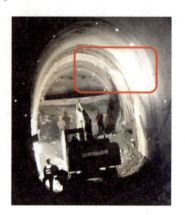

(a)土压力盒布设照片　　　(b)钢筋计布设照片　　　(c)变形监测断面照片

图 5-79　加固圈测试断面结构内力现场布设情况

5.8.2　监测数据及结构内力分析

根据 2016 年 12 月 15 日浩吉铁路公司中条山隧道专题会议精神,在中条山隧道 1 号斜井左右线施作试验段。试验段方案如下:

在左线 DK620+610~+627 段初支变形开裂、混凝土剥落段采用加固圈的方式,具体方法为:作 H150 格栅套拱加固圈成环封闭,C25 喷射混凝土厚 23 cm。上台阶紧顶掌子面施作 2 m 长,间距 0.5 m/榀;中台阶紧顶上台阶施作 5 m 长,间距 0.7 m/榀;下台阶紧顶中台阶施作 3 m 长,间距 1 m/榀。

按"刚性支护一次到位"模式:

(1)左线 DK620+627~+647 段采用 H230 全环格栅钢架,间距 0.6 m/榀,预留变形量 15 cm。

(2)右线 DK620+620~+640 段采用 H180 全环格栅钢架,间距 0.6 m/榀,预留变形量 15 cm。

根据上述试验方案,特对不同支护方案的围岩变形和结构内力数据进行如下分析。

1. 加固圈试验段结构内力及变形分析

根据加固圈试验段各测试断面围岩变形和结构内力数据采集情况,特选取左线大里程的典型断面 DK620+625 和 DK620+620 进行如下分析:

截至 2017 年 1 月 12 日, DK620+625 和 DK620+620 断面监测情况如图 5-80、图 5-81 所示。

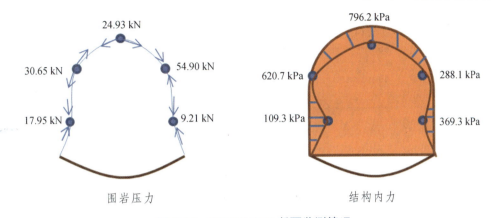

围岩压力　　　　　　　　　　　　结构内力

图 5-80　DK620+625 断面监测情况

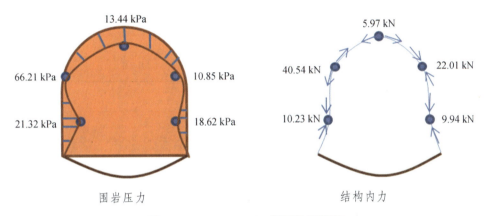

围岩压力　　　　　　　　　　　　结构内力

图 5-81　DK620+620 断面监测情况

截至 2017 年 1 月 12 日，DK620+625 和 DK620+620 断面围岩变形及结构内力历时曲线如图 5-82、图 5-83 所示。

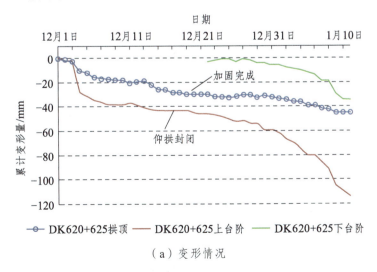

（a）变形情况

（b）围岩压力

（c）结构内力

图 5-82　DK620+625 断面监测数据历时曲线

（a）变形情况

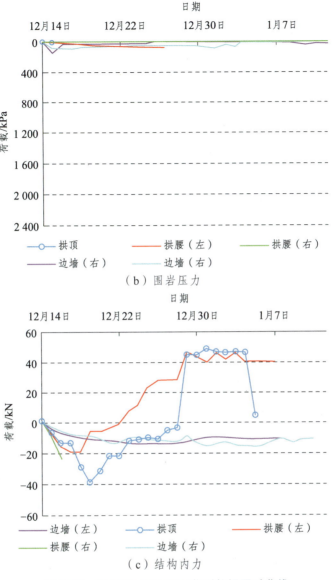

图 5-83　DK620+620 断面监测数据历时曲线

（1）围岩压力：根据结构围岩土压力示意图可知，试验断面均为受压状态，DK620+625断面最大围岩应力（0.8 MPa）位于拱顶位置，根据经验，类比相似工程实例，一般正常土压力值在 0.2 MPa 以下，现在最大土压力值已达到 0.8 MPa，远远超过正常压力值范围，说明该围岩存在高地应力。

（2）格栅拱架钢筋应力：从钢筋结构内力示意图可知，最大钢筋应力位于 DK620+625右拱腰位置（54.90 kN，约为 144.5 MPa）。从示意图可知，格栅拱架钢筋受力复杂，表现为受压、受拉、无规律，和隧道内结构受力复杂相吻合。

（3）围岩变形情况：断面 DK620+625 仰拱封闭前拱顶、周边收敛累计变形量分别为28.60 mm（占总变形量的 64%）、43.26 mm（占总变形量的 38%）；加固圈施作完成后拱顶、周边收敛累计变形量分别为 15.90 mm（占总变形量的 36%）、70.06 mm（占总变形量的 62%）。

从以上数据情况可以看出：拱顶变形在仰拱初支封闭后，变形得到有效抑制，但是周边收敛在加固圈形成后变形量还占总变形量的 62%，说明加固圈的支护强度不足以抵抗当前围岩的应力，这也从暴露出的格栅拱架钢筋出现扭曲变形的现象得到印证。拱顶累计变形量不到周边收敛变形量的一半，拱顶变形量远远小于周边收敛的变形，并且拱顶位置围岩应力大于拱腰位置围岩应力，说明目前隧道断面受力不是最优状态，可以优化隧道截面曲率，使隧道结构受力得到优化。

（4）加固圈施作完成后累计变形量大于仰拱初支封闭之前累计变形量，说明一次性初期支护强度到位可以更有效地控制围岩的变形。

2. 右线试验段结构内力及变形分析

根据右线试验段各测试断面围岩变形和结构内力数据采集情况，特选取右线大里程的典型断面 DK620+625 进行如下分析：

截至 2017 年 1 月 12 日，DK620+625 断面监测情况如图 5-84、图 5-85 所示。

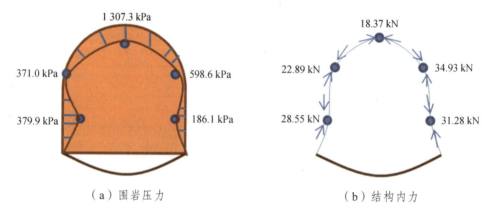

（a）围岩压力　　　　　　　　　　　（b）结构内力

图 5-84　DK620+625 断面监测情况

截至 2017 年 1 月 12 日，DK620+625 断面围岩变形及结构内力历时曲线如图 5-85 所示。

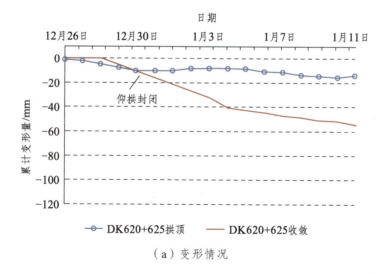

（a）变形情况

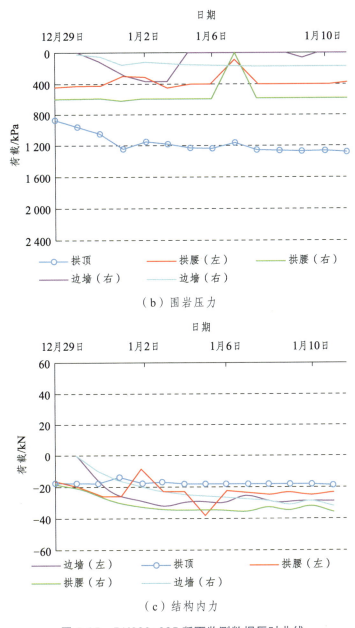

（b）围岩压力

（c）结构内力

图 5-85　DK620+625 断面监测数据历时曲线

（1）围岩压力：根据结构围岩土压力示意图可知，试验断面均为受压状态，DK620+625断面最大围岩应力位于拱顶位置（1.3 MPa），根据经验，一般正常土压力值在 0.2 MPa 以下，现在最大土压力值已达到 1.3 MPa，远远超过正常压力值范围，说明该围岩存在高地应力。

（2）格栅拱架钢筋应力：从钢筋结构内力示意图可知，最大钢筋应力位于 DK620+625右拱腰位置（34.93 kN，约为 92 MPa）。

（3）围岩变形情况：断面 DK620+625 仰拱封闭前拱顶、周边收敛累计变形量分别为10.20 mm（占总变形量的 72%）、10.46 mm（占总变形量的 19%）。从以上数据情况可以看出：拱顶变形在仰拱初支封闭后，沉降变形得到有效控制，基本趋于稳定状态，但是周边收敛在仰拱初支封闭后还在持续变形，变形量还占总变形量的 81%，但是该点周边收敛累计变形目前为 53.88 mm，远小于左线该里程附近的围岩变形量。主要原因为左线先于右线开挖，在左线开挖过程中释放了一部分围岩应力；再则，右线该里程一次性初期支护参数采用 H180 全环格栅钢架，间距 0.6 m/榀，预留变形量 15 cm，优于左线一次支护参数，所以变形相对较小。

（4）在相同围岩条件下，右线 DK620+625 断面拱顶变形在初支封闭成环后就得到了有效控制，而周边收敛还在持续变形，说明目前隧道截面形状不是最佳受力状态，可以优化截面曲率。

5.8.3 施工建议

根据上述围岩变形和结构内力监测情况，为了保证施工安全和有效控制围岩变形，建议采取如下优化措施：

（1）优化断面形式，适当增大拱、墙断面曲率，以改善支护结构受力，主要是改善拱顶、拱腰部位的受力状态。

（2）整个隧道的拱顶沉降小于 50 mm，周边收敛小于 100 mm，建议隧道初期施工后至少进行 3 个月的应力释放，根据应力释放情况，施作二次衬砌。为防止变形侵限，建议适当增加初期支护预留变形量，建议不小于 500 mm，以便使地应力能够得到比较充分的释放。

（3）建议采用双层初期支护：第一层为柔性支护，环向主筋应不小于 $\phi25$ mm，应力释放后，施作第二层支护；第二层为刚性支护，建议采用 H200 型钢及锚管网混凝土，锚杆长度不小于 5.0 m，可采用预应力锚杆，建议初期支护喷混凝土中增加微纤维，以改善混凝土性能。

（4）从监测结果看，大部分部位二次衬砌承受的压力小于 1.0 MPa（监测数据中只有一点超过），应加强二次衬砌，二次衬砌承受的围岩压力应不小于 1.0 MPa，建议采用 C40 以上混凝土。二次衬砌应预留不小于 25 cm 的补强空间。

（5）应加强初期支护和二次衬砌背后回填灌浆，以保证支护结构受力均匀。

（6）应对初期和二衬受力变形状况进行监测，根据监测结果，优化设计和施工方案及参数。

参考文献

[1] 田四明，王伟，巩江峰. 中国铁路隧道发展与展望（含截至 2020 年底中国铁路隧道统计数据）[J]. 隧道建设（中英文），2021，41（2）：308-325.

[2] 郑艾辰，黄锋，林志，等. 2008 年至 2016 年我国隧道工程施工安全事故统计与分析[J]. 施工技术，2017，46（S1）：833-836.

[3] 阴鹏. 基于 WebGIS 的隧道施工安全监测系统的研究[D]. 成都：西南交通大学，2011.

[4] 胡承军. 软土隧道施工的自动监测数据动态分析与安全状态评估方法的研究[D]. 上海：同济大学，2007.

[5] 北京市市政工程研究院. 隧道施工信息化预警平台研究[J]. 市政技术，2013，31（2）：4-5.

[6] 李亮. 基于 BS 构架的隧道监测管理分析系统的开发[J]. 公路与汽运，2011(4)：231-235.

[7] 邓洪亮，杨玉杰，高文学，等. 隧道施工监控与预警系统应用研究[J]. 施工技术，2011（3）：54-56.

[8] 郭中堂，宋书昂. 一种隧道施工安全预警管理系统 CN202991139U [P]. 2013-06-12.

[9] 张秀丽. 地铁隧道施工实时监测系统及应用研究[D]. 长春：东北大学，2013.

[10] 王浩. 地下工程监测中的数据分析和信息管理、预测预报系统[D]. 北京：中国科学院研究生院（武汉岩土力学研究所），2007.

[11] 肖林萍，赵玉光，李永树. 单拱大跨隧道信息化施工监控量测技术研究[J]. 中国公路学报，2005（04）：62-66.

[12] LI Xiaojuan, HE Fan, WANG Yubo, et al. Tunnel Structure Safety Monitoring System Based on BOTDA Technology[J]. Applied Mechanics and Materials, 2014, 621: 281-284.

[13] CHEN Lihua, LIAO Fuquan, YE Ming. The Development and Application of 3D Monitoring Alarm Warning System in Tunnel Construction[J]. Applied Mechanics and Materials, 2014, 501-504:839-842.

[14] PAN Weidong, GU Renguo, LYV Yonggang, et al. Design of Mountain Road Tunnel Safety Monitoring System[J]. Advanced Materials Research, 2012, 378-379:241-246.

[15] 吴忠杰，罗根传，刘新喜. 隧道监测系统研究现状及其发展趋势[J]. 吉首大学学报（自然科学版），2012，33（6）：70-76.

[16] 中铁二院工程集团有限责任公司. 铁路隧道监控量测技术规程：TB 10121—2007[S]. 北京：中国铁道出版社，2007.

[17] 李元海，靖洪文，王文龙. 隧道工程施工监测信息管理系统研究现状与发展趋势[J]. 中国科技论文在线，2011，6（11）：863-870.

[18] 詹显军，王先龙，陈礼伟，等. 隧道变形自动监测系统在南广铁路隧道施工中的应用[J]. 现代隧道技术，2012，49（5）：128-131.

[19]　王刚，马兆飞，卢锋，等. 8 字结形格栅钢架腹筋力学作用试验研究[J]. 隧道建设（中英文），2018，38（2）：217-223.

[20]　YASSAGHI A, SALARI-RAD H. Squeezing rock conditions at an igneous contact zone in the Taloun tunnels, Tehran-Shomal freeway, Iran: a case study[J]. International Journal of Rock Mechanics and Mining Sciences, 2005, 42(1): 95-108.

[21]　徐世强，屈战辉. 隧道监控量测相关标准[J]. 筑路机械与施工机械化，2011，28（1）：66-69.

[22]　李世辉. 隧道支护设计新论[M]. 北京：科学出版社，1999.

[23]　肖勃. 公路隧道施工变形监测分析研究[D]. 长沙：长沙理工大学，2009.

[24]　KIYAGAWA T, KUMETA T, ICHIZYO T, et al Application of convergence confinement analysis to the study of preceding displacement of a squeezing rock tunnel [J]. International Journal of Rock Mechanics & Mining Sciences & Geomechanics Abstracts, 1991, 28(5): 323.

[25]　万俊峰，李冬生. 复杂地形条件下桥隧相连隧道洞口结构设计研究[J]. 隧道建设（中英文），2017，37（S2）：169-174.

[26]　张梅，等. 蒙华重载铁路隧道建造技术[M]. 北京：人民交通出版社，2021.

附　录

附录 1　隧道施工监控量测预警信息处理单

施工标段及单位：　　　　　　　　　　　　　　　编号：

工作面			预警日期		
管理等级		掌子面里程		仰拱初支里程	
当日变形值		变形累计值		埋设时间	
预警断面					
预警测点					

预警信息描述：

原因分析及工程对策：

现场处理情况：

1. 由施工单位负责人签署意见。
2. 黄色预警施工单位由工区总工或工区经理签字。
3. 红色预警施工单位由项目总工或项目经理签字。
4. 签字过后需加盖项目部公章。(只做备注用)

签名：　　　　　　　　　　　　　　　日期：

处理结果确认：

1. 由监理单位负责人签署意见。
2. 黄色预警由总监代表签字。
3. 红色预警由总监签字。
4. 签字过后需加盖项目部公章。(只做备注用)

签名：　　　　　　　　　　　　　　　日期：

附录2 隧道施工监控量测假性预警信息处理单

施工标段及单位：MHTJ-××标中铁××局　　　　　　编号：

预警工点	隧道进口	预警日期	年　月　日
预警断面		预警测点	
预警 情况 说明	1. 预警信息描述（时间、工点、测点预警原因，内容需详尽）。 2. 处理结果[如将假性数据（变化量值）归零处理等]。 3. 针对该类情况，项目部的处置措施（如交底培训等）。 现提出预警处理申请！ 4. 黄色预警施工单位由工区总工或工区经理签字。 5. 红色预警施工单位由项目总工或项目经理签字。 6. 签字过后需加盖项目部公章。（只做备注用） 签名：　　　　　　　　　日期：		
监理 单位 意见	1. 由监理单位负责人签署意见。 2. 黄色预警由总监代表签字。 3. 红色预警由总监签字。 4. 签字过后需加盖项目部公章。（只做备注用） 签名：　　　　　　　　　日期：		
指挥部 意见	1. 由指挥部质量安全部负责人签署意见。 2. 黄色预警由隧道主管工程师签字。 3. 红色预警由质量安全部部长签字。（只做备注用） 签名：　　　　　　　　　日期：		

附录3　监控量测日志

新建蒙西至华中地区铁路煤运通道工程

监控量测日志

标段名称：＿＿＿＿＿＿＿＿＿

工程名称：＿＿＿＿＿＿＿＿＿

施工里程：＿＿＿＿＿＿＿＿＿

施工单位：＿＿＿＿＿＿＿＿＿

开工日期：　　　年　　　月　　　日

竣工日期：　　　年　　　月　　　日（第　　册）

基础信息			仰拱里程			掌子面里程	
			围岩等级			开挖方法	
洞内外观察	洞内观察	开挖面观察	地质情况				
			地下水情况				
			掌子面稳定状态				
		已施工地段观察	渗漏水情况				
			裂缝状况（初期支护喷层、二衬表面）				
			钢拱架或格栅钢架（有无扭曲、下沉等）状况				
			拱架或围岩（异响等）状况				
			是否有底鼓现象				
	洞外观察	洞口段和洞身浅埋段	地表状况（开裂、变形）				
			边坡、仰坡稳定状态				
			地表水渗漏情况				
		地面建（构）筑物	建（构）筑物状态				
工况		测点	新增测点		喷锚支护时间		
					埋点时间		
		停测测点		停测原因			
		其他					
备注							

记录：　　　　　　　　　　　　　　　　　　　　日期：

说明：1. 监控量测日志表由监控量测实施人员填写。

2. 备注栏中填写对量测有影响情况如点位损坏、数据传输等，以及向上级管理人员汇报情况等简要说明。

3. 各单位可以此为模板，装订成册，每册一般 200 页（双面）为宜，每页下面标好页码，不允许缺页；大小为 20 cm × 14 cm（可适当调整，不宜过大）。

附录 4　监控量测标识牌

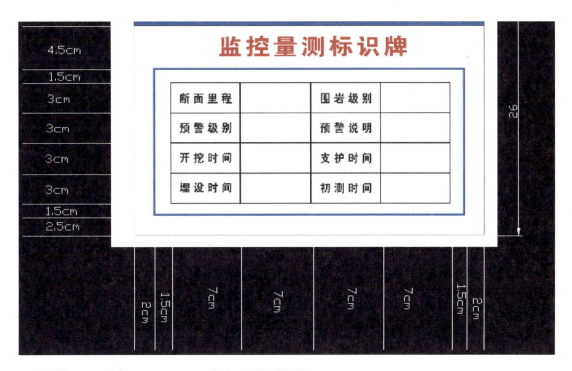

说明：1. 一般按 35 cm×26 cm 制作，可适当调整。

2. 预警级别填写：黄色、红色。

3. 预警说明填写：日沉降预警、日收敛预警、累计沉降预警、累计收敛预警。

4. 开挖哪一台阶，则标识牌挂在哪一台阶。

5. 开挖、支护、埋设、初测时间按挂在相应的测点位置填写。

附录5 监控量测公示牌

洞内监测断面	停测断面___个		地表监测断面	停测断面___个	
	在测断面___个			在测断面___个	
即将预警测点	级别	累计值	日变形最大点	最大值	
序号	预警时间	预警测点	预警级别	日变化量	累计值	采取的措施及效果	备注
当日测量情况		日沉降量范围		日收敛量范围	
监测结果分析					
施工建议					

说明：1. 监控量测公示牌由监控量测实施人员负责保护、填写。

2. 备注栏中填写异常情况及进洞人员需要注意的内容。

3. 明示牌包含一周以内的预警。

4. 一般不小于 1.2 m × 1 m。

5. 当日测量情况填"未测"或"已测"。

6. 格式可适当调整，内容不变。

附录6 进入隧道人员统计表

项目名称：　　　　　　　　　　　　　　　　　统计时间：

施工单位：　　　　　　　　　　　　　　　　　监理单位：

位置 （起止里程）	卡号	工号	姓名	职务	电话	进洞时间	出洞时间	状态	在岗总人数

制表：　　　　　　　　　　　　　　　　　技术负责人：

附录 7　超前地质预报汇总表

项目名称：　　　　　　　　　　　　　　　　　　统计时间：

施工单位：　　　　　　　　　　　　　　　　　　监理单位：

标段	工点名称	本次预报起止里程	异常描述	异常处理施工建议	上次预报起止里程

制表：　　　　　　　　　　　　　　　　　　技术负责人：

附录 8　监控量测项目代号及图例

测试类别	监测项目	代号	图例
必测项目	拱顶下沉	GD	▼
	净空变化	SL	▶-------◀
	地表沉降	DB	▼
选测项目	围岩压力	WYYL	⊟
	钢架内力	GJNL	▭
	喷混凝土内力	PHNL	▭
	二次衬砌内力	CQNL	⊟
	初支与二衬接触压力	JCYL	⊟
	锚杆轴力	MGZL	⊟
	围岩内部位移	DDWY	•–•
	隧底隆起	SDLQ	▲
	爆破振动	BPZD	◯
	孔隙水压力	KXSY	◉
	水量	SUIL	◉
	纵向位移	XZWY	▷

附录9 监控量测汇总表

项目名称：   统计时间：

施工单位：   监理单位：

标段	工点名称	断面	测点	当前[差值/累计]	监测次数（近7天）							预警（次数）
					11日	12日	13日	14日	15日	16日	17日	

制表：   技术负责人：

附录 10　断面检测汇总表

项目名称：

施工单位：　　　　　　　　　　　　　　　　　　监理单位：

检测类别：开挖（初期支护、二次衬砌、仰拱）　　检测日期：

序号	里程	围岩级别	设计面积 /m²	实测面积 /m²	侵限最大值 /cm	超限最大值 /cm	中线偏差 /cm

制表：　　　　　　　　　　　　　　技术负责人：

附录 11 施工（监理）日志

（1）施工日志信息化可按附表 11-1 实行。

附表 11-1 施工日志统计表

项目名称：   统计时间：

施工单位：   监理单位：

类别	项目	具体内容	
		质量	安全
当日自查问题	问题描述		
	整改措施及要求		
	整改情况		
上级检查问题	隐患或事故描述		
	处置要求		
	处理结果		

制表：   技术负责人：

（2）施工日志信息化可按附表 11-2 实行。

附表 11-2　监理日志统计表

项目名称：　　　　　　　　　　　　　　　　　　　　统计时间：

施工单位：　　　　　　　　　　　　　　　　　　　　监理单位：

类别	项目	内容	
		质量	安全
当日自查问题	问题描述		
	整改措施及要求		
	整改情况		
上级检查问题	隐患或事故描述		
	处置要求		
	处理结果		
上次检查处理闭合情况	描述		
	处置要求		

制表：　　　　　　　　　　　　　　　　　　　　技术负责人：

附录 12 原材料及半成品质量统计表

项目名称：   统计时间：

施工单位：   监理单位：

标　段	拌和机试验情况	压力机试验情况	万能试验机试验情况	不合格处理情况

制表：   技术负责人：

附录 13　质量检测统计表

项目名称：　　　　　　　　　　　　　　　　　统计时间：
施工单位：　　　　　　　　　　　　　　　　　监理单位：

标段	工点名称	里程范围	检测异常	常处理情况	备注

制表：　　　　　　　　　　　　　　　　　技术负责人：